MÚSICOS
AGRESIVOS

MÚSICOS AGRESIVOS

ORLANDO ALARCÓN MONTERO

snow.
fountain
press

Músicos Agresivos
Primera Edición, 2015

© Orlando Alarcón Montero
© Snow Fountain Press

Snow Fountain Press
25 SE 2nd. Avenue, Suite 316
Miami, FL 33131
www.snowfountainpress.com

ISBN-10: 0988534355
ISBN-13: 978-0-9885343-5-3

Ilustración de la portada: Irma de Alarcón

Impreso en los Estados Unidos de América

A Haidée, Fanny, Margarita, Ivonne, Gigi y Orlando.

Agradecimientos

A Mireya Gnecco de Pacific, por su excelente colaboración en la edición del texto.

A Gigi Alarcón por su aporte en la sección dedicada a los embates de los periodistas contra los músicos más destacados.

A Fanny France por su invaluable actividad en la culminación de la obra.

A la empresa Greenwise Inc. por su respaldo a la materialización de este proyecto.

A Pilar Vélez, directora de AIPEH (Asociación Internacional de Poetas y Escritores Hispanos), por su valioso apoyo a nuestras actividades.

Contenido

Prefacio

El influjo bienhechor de la música sobre el ser humano se ha tenido en cuenta durante siglos. Muchos sabios valoraron su influencia sobre el estado de ánimo, la excitación y las dolencias físicas.

Tales de Mileto, Teofrasto, Hipócrates, nos transmitieron sus observaciones. En lo que queda de la biblioteca de Celso, en Éfeso, Costa Egea de Turquía, hemos tenido la oportunidad de visitar una sala de música para los pacientes y otra aislada para los que sentían malestar o desazón al escucharla.

Parece inexplicable que muchos excelentes creadores musicales hayan sido protagonistas de hechos violentos y actitudes agresivas, lo que constituye un mentís a la idea de que las melodías aplacan las pasiones.

Hemos seleccionado decenas de casos en los que músicos eminentes han protagonizado episodios violentos: un encarnizado uxoricida, otros destacados músicos, como uno llamado *El Furibundo* y otro conocido como *El Irascible* por sus contemporáneos.

Compositores maravillosos mostraron facetas agresivas en ciertos momentos de su vida: Salieri, Haendel, Beethoven, Bizet, Prokofiev, Mahler…

En los breves artículos dedicados a esos creadores encontramos todas las variantes de la agresividad: física, verbal, gestual, insidia, ironía, indiferencia, omisiones. En esta obra, breve si se tiene en cuenta la importancia del tema abordado, hemos incluido los casos más notorios y ajustados a la verdad histórica. No nos hemos dejado influir por versiones novelescas tan frecuentes en las biografías de los grandes.

Al lado de los compositores que constituyen la sección medular de este libro figuran otros protagonistas sobresalientes. Son ellos los intérpretes, los directores de orquesta y los críticos musicales, factores decisivos en la difusión del arte.

Una sucinta relación de los progresos de la neurobiología en lo que va corrido del siglo da fin a este tomo. Encierra información científica. Este acápite es de lectura opcional. Los interesados en el tema encontraran una extensa y precisa bibliografía para acceder al cúmulo de datos que nos llegan a diario sobre la música, el cerebro y la salud mental.

La música plasma sueños, recuerdos, ideales, pensamientos, fantasías que surgen desordenadamente en la mente. El compositor sabe articularlos y disponerlos de manera que constituyan un mensaje descifrable.

Circunstancias de diverso orden convergen en la mente del artista.

En los días que vivimos es posible escudriñar secretos de la mente, así como los diversos factores que influyen sobre la imaginación, la memoria, la coordinación de ideas, todo lo que se convertirá en una hermosa página musical.

No podemos sorprendernos de que lo exótico, lo quimérico, o lo delirante actúen sobre la personalidad del artista. Su objetivo es compartir su mundo interior. Emoción, tensión y ansiedad lo empujan a crear. El artista experimenta placer cuando canaliza y exterioriza su estado de ánimo. Arnold Schoenberg, importante compositor austriaco, afirmaba: "El verdadero compositor escribe música sólo por la razón de que le gusta hacerlo. Aquellos que componen porque quieren complacer a otros y tienen la audiencia en mente, no son realmente artistas".

No obstante, muchos de los compositores esperaban el aplauso del público y la aprobación de la crítica. Esos artistas eran sensibles, emotivos o vanidosos, y dejaron testimonios de frustración.

Chaikovski, Liszt, Wagner, Rachmaninov, nos hablaron de su insatisfacción. Wagner confesaba que en algunas situaciones había pensado en el suicidio. Liszt escribió sobre la vida de Chopin, pero cuando se le sugirió que escribiera sobre la suya, el húngaro replicó: "Tuve suficiente con vivirla".

Compositores impulsivos italianos impetuosos

Carlo Gesualdo (Hacia 1561-1613)

Encontramos en la historia de la música hechos violentos que no concuerdan con la imagen tradicional del músico calmado poseído por las musas, fuente de amor, sosiego y alegría. Topamos con personajes que protagonizaron actitudes agresivas, desde homicidios hasta la simple violencia verbal y exaltaciones pasajeras.

En el desfile que hemos organizado en esta obra aparece en primer lugar el madrigalista Carlo Gesualdo, no solo por el orden cronológico que adoptamos, sino por los terribles hechos que protagonizó.

Carlo Gesualdo, príncipe de Venosa, músico y asesino es el título de una biografía escrita por Cecil Gray. Relata la vida de este italiano nacido en la Campania en 1561. De padres nobles, era sobrino de Alfonso Gesualdo, Arzobispo de Nápoles, y de San Carlos Borromeo. De su familia salieron importantes magistrados. Al morir su hermano mayor, Carlo heredó valiosas propiedades y títulos nobiliarios como los de el príncipe de Venosa y Conde de Conza.

Inició Gesualdo sus estudios musicales en la academia fundada por su padre, frecuentada por notables figuras intelectuales. Se familiarizó con el laúd y la composición.

Contrajo matrimonio con su hermosa prima María d'Avalos, hija de marqués de Pescara. La desposada aportó al enlace otros títulos nobiliarios y dos niños. (Había enviudado dos veces). La pareja parecía feliz y llevaba una activa vida social. Uno de los contertulios más asiduos era el duque Fabrizio Caraffa, casado y con cuatro hijos. Con ayuda de espías, Gesualdo comprobó que su esposa lo engañaba con Caraffa.[1]

El príncipe Gesualdo planeó un escarmiento ejemplar: Organizó una partida de caza y cuando él ya estaña allí, regresó sigilosamente a su mansión, pues uno de sus servidores le avisó que un caballero había ingresado furtivamente al castillo. El marido encontró a Fabrizio Caraffa en su lecho y en plena faena amorosa. Su daga y su espada cobraron la ofensa, los amantes fueron despedazados fríamente, con encono y crueldad extrema. Los cuerpos de Fabrizio y María permanecieron durante varias horas en los jardines del castillo, expuestos a las miradas horrorizadas de amigos y vecinos...

La condición social del homicida impidió que la justicia actuara, y el culpable se fue a Nápoles huyendo, no de los jueces, sino de la venganza de los familiares de las víctimas. En momentos de remordimiento Gesualdo decidió regalar una capilla a la comunidad capuchina de su vecindario.

En 1594 el príncipe se instaló en Ferrara, activo centro musical, y comenzó a publicar sus madrigales. En ese año el músico contrajo segundas nupcias con Eleonora d'Este, hija del duque de Ferrara, y así aumentó su contacto con gentes cultivadas y amantes de la música y la poesía. Pronto la nueva esposa lo acusaba de maltrato y abusos, además de infidelidad. Ella trató inútilmente de separarse legalmente de Gesualdo, y tuvo que marcharse a la ciudad de Módena, protegida por un hermano.

Iba envejeciendo nuestro personaje y se le veía refugiado en la iglesia de sus dominios, devoto y contrito. Además se hacía azotar

---

1 COGLIANO, A. (2006). *Carlo Gesualdo, omicida fra storia e mito*. Nápoles: ESI.

de sus servidores. Los cambios de ánimo del compositor se pueden percibir en los temas y títulos de sus madrigales. Los de sus primeros libros: *Dolcissima vita mía, Felicissimo sonno, O voi, troppo Felici*... Los de obras siguientes: *Tenebroso giorno, O dolorosa gioia, Ahí, disperata vita, O dolce mio martire*...

En el ocaso de su vida, —asmático, afligido, repudiado— el príncipe músico compuso *Tenebrosa Responsoria y Miserere*.[2]

A pesar de su cruenta biografía, Gesualdo al lado de su contemporáneo Luca Marenzio, ha sido reconocido por su aporte al desarrollo de la armonía. Utilizó cromatismos y disonancias avanzadas para su época. Hasta se sugiere que influyó en el estilo de Monteverdi, el importante compositor que dio forma definitiva a la Ópera. Los tres nombrados fueron delicados madrigalistas y sabían dar a la palabra la música más apropiada.

Alessandro Stradella (1644-1682)

Nació en Roma y fue asesinado en Génova. Su progenitor, hombre de pro, le hizo estudiar en Bolonia, importante centro de la cultura italiana. Antes de sus veinte años era famoso por su voz y sus obras. En Roma dirigió las actividades musicales del círculo de la reina Cristina de Suecia.

Investigado por la pérdida de unos dineros de la Iglesia, huyó de la Ciudad Eterna. Hombre cultivado, de fácil palabra, ameno conversador, músico delicado, era al mismo tiempo amigo de las armas. Rendía culto simultáneamente al amor y a la esgrima. Polifacético, dedicaba obras a San Felipe, Santa Pelaya y a la Inmaculada Concepción, a Georgina Cassi, a Elissabetta Marmorandi, a la bella Antinori y a otras damas.

El noble Alvise Contarini lo hizo profesor de su amante. Un día desaparecieron alumna y enseñante. Contarini los hizo perseguir

2 STOE, A. (1991). *Bifurcations chez Gesualdo. Quadrivarium: Musique et sciences.* METZ.

en forma insistente. Pasó algún tiempo y el compositor repitió la historia con la amante de Lomellini, senador veneciano. A raíz de estos incidentes el músico viajó no se supo adonde.

Finalmente fue eliminado en el curso de una reyerta en la *Piazza Bianchi de Génova*. El homicidio fue atribuído a sus rivales en el campo del amor. Otros atribuyeron su muerte a los familiares de la última de sus amantes.

La corta vida de este personaje ocupa páginas especiales en la historia de la música por sus óperas, conciertos y oratorios. Su existencia dio tema a los libretos de tres óperas. La más conocida fue compuesta por Friedrich Von Flotow en 1844.

Antonio Vivaldi (1678-1741)

Antonio Vivaldi llamado el *Cura rojo* por el color de sus cabellos, nació en Venecia y falleció en Viena. Iniciado en la vida sacerdotal, renunció a ella y se dedicó a la música.

Los datos más claros sobre su vida se los debemos a Carlo Goldoni, autor del libreto de la ópera *Griselda*, de Vivaldi. Opinó el escritor que la fiel acompañante del *Cura rojo* carecía de la voz apropiada para la obra, a pesar de ser "graciosa, de bellos ojos y cabellos, y de una boca encantadora". Vivaldi compuso la música de la obra en un tono de acuerdo con la tesitura de su protegida. La compañía permanente de *La Giró* y su negativa a vestir los hábitos eclesiásticos le ocasionaron conflictos con la Iglesia.

El violinista contaba veinticinco años de edad cuando se puso al servicio del *Ospedale della Pietá*. Allí eran recibidas niñas pobres que deseaban instruirse, ingresar a un convento o conseguir un marido que no exigiera dote. El *Ospedale* fue para Vivaldi un valioso campo de experimentación, pues tenía a sus órdenes muchas cantantes e instrumentistas.

Vivaldi firmó sus primeras sonatas como "músico de violín", en 1705, cuatro años más tarde era *maestro di concerti*. Los emolumentos que recibía eran inferiores a los honores. Aumentaban sus ingresos –y su fama- con sus conciertos en el palacio *Ottoboni* y en la residencia del embajador de Francia. Se habló mucho de él cuando organizó un concierto en el *Ospedale della pietá* dedicado al Príncipe de Dinamarca.

A partir del 1708 se vinculó a la ópera en el Teatro San Ángelo. En el curso de veinte años estrenó allí una veintena de obras. Según costumbre de la época, actuaba como empresario, promotor, administrador, supervisor de escena y vestuario, además de compositor. Vivaldi se enredó en disputas con los propietarios del teatro, las familias Marcello y Capello. Ya en Venecia había sido víctima de un libelo titulado *El teatro a la moda*. Se aclaró que el autor era un compositor, Benedetto Marcello. La singular obra estaba dedicada a libretistas, cantantes y madres de cantantes jóvenes. (?) Aludía a varios personajes de la ópera italiana mediante anagramas: *Aldiviva* correspondía exactamente a Vivaldi. Para ser más fácil la identificación, el libelo iba acompañado por la caricatura de un ángel violinista con sombrero de sacerdote. La obrilla, obviamente, atacaba al *Cura rojo*.

El músico también tuvo recios altercados en Ferrara con empresarios que incumplían los términos acordados para presentar una obra. Los hechos se repetían. En 1739 Antonio Mauro se negó a pagar deudas de la empresa común, lo que dio origen a reclamos, insultos, agresiones verbales y juicio civil.

Pese a la multiplicidad de actividades, pudo Vivaldi en una ocasión entregar a Johan Uffenbach diez conciertos, compuestos en tres días. El alemán quedo sorprendido, pero es fácil adivinar que había tomado movimientos de obras ya estrenadas.

El público es voluble y los empresarios cambian sus preferencias. Al compositor, ya maduro, se le regateaban los honorarios y los precios de sus obras.

Volvamos a Goldoni: "El abate Vivaldi, incomparable virtuoso del violín, muy estimado es sus composiciones y conciertos, había ganado en un tiempo más de 30.000 ducados, pero su prodigalidad desordenada lo hizo morir pobre en Viena".

Poco después escribió Malipiero: "¡El Cura rojo! ¡El paraíso y el infierno! Los informes sobre su vida deben leerse entre líneas. Se decía que no podía decir misa porque era de tórax estrecho, pero componía, dirigía y tocaba asombrosamente el violín. Ciertas damas piadosas le acompañaban siempre, diciendo que el padre necesitaba de sus cuidados. Querríamos aceptar esas explicaciones, pero el cura no enrojecía sino en sus cabellos."[3]

Francesco Geminiani (1687-1762)

El Furibundo fue el apodo que Giuseppe Tartini endilgó a Francesco Geminiani, destacado compositor y violinista, nacido en Lucca. Estudió en su país con los más famosos maestros, como Alessandro Scarlatti y Corelli. Desde temprano dio muestras de su carácter díscolo, se distinguió por su intemperancia cuando perfeccionaba su técnica en el violín.

Después de actuar con mucho éxito en su ciudad natal y luego en Nápoles, "el Furibundo" trató de establecerse en Milán, pero no encontró allí buena acogida. Entonces se trasladó a Inglaterra y fijó su residencia en Londres, donde fue recibido por Haendel, mas la relación de estos dos músicos duró muy poco.

En Londres fue aceptado por la sociedad Filo-Musical y en Irlanda se le designó como Director de la Música de su Majestad, pero declinó el honor para no entrar en conflicto con la Iglesia Católica.

Geminiani incursionó en el negocio de pinturas, y fracasó. En el campo musical le iba bien, pero sus obras fueron editadas ilegalmente por Walsh, y en Ámsterdam siguieron el ejemplo.

En sus últimos años brindaba recitales, dirigía un grupo musical y peleaba con sus colegas. Sufrió un percance, el robo de los manuscritos de un *Tratado de violín*. Juraba que los culpables eran músicos rivales.

3 BARBIER, P. (2002). *Vivaldi*. Paris: Ed. Gasset.

Se estrenó en Francia su ópera *La floresta incantata*, con poco éxito; el compositor estaba convencido de que había sido víctima de sus colegas. Un periódico habló de los "artificios mecánicos de la obra", pero no mencionó el nombre del autor. Friedrich Grimm opinó que se trataba de una pantomima "acompañada por la música del señor Geminiani"

Murió en Dublín en 1762, y antes recomendó a los compositores que transmitieran a sus oyentes horrores y tristezas... pero hay que poner más énfasis en los compases que expresan furia, resolución, ira, violencia.

Francesco Maria Veracini (1690-1768)

Este afamado violinista y compositor florentino, autor de óperas, sonatas, oratorios y conciertos para violín, era hijo de un farmaceuta empresario de pompas fúnebres. Su tío Antonio Veracini le enseñó a tocar el instrumento, y a menudo aparecían juntos en conciertos. Quizás más conocido como violinista que compositor, Francesco María Veracini estuvo en Londres en 1714 y actuó como violinista en *Queen's Theatre*; también en la corte de Düsseldorf y alguna vez en Venecia en 1716, donde escribió sonatas para violín dedicadas al príncipe Federico Augusto de Sajonia, Veracini fue contratado por el príncipe para interpretar música de cámara en la corte de Dresde y más tarde fue nombrado violinista oficial.

Infortunadamente, había gran rivalidad entre los músicos de la corte, y animosidad contra el italiano. En 1722 Veracini fue víctima de una conspiración humillante. Fue sometido a la lectura a primera vista de unas partituras difíciles, y los violinistas rivales ya las habían estudiado. Veracini, el perdedor en este evento, en su aflicción se arrojó por una ventana y se fracturó una pierna, lo que lo dejó lisiado por el resto de su vida. Se comentó con insistencia que los rivales, en efecto, lo habían arrojado por la ventana y que el autor de la conjura había sido Pisendel, el célebre violinista alemán. En 1723 Veracini regreso a su nativa Florencia, donde falleció (1768).

Giuseppe Tartini (1692-1770)

Nació en Pirano y murió en Padua. Además de compositor, violinista y concertista, fue un teórico musical de primer orden.

En Padua fundó una escuela de violín que llegó a tener gran prestigio. Le llovieron alumnos procedentes de varias ciudades de Europa.

Aunque sus padres trataron de encaminarlo hacia el sacerdocio, él prefirió las damas, la música y las armas. Su novia era sobrina del cardenal Cornaro, y sus avances amatorios lo obligaron al matrimonio. Se constituyó un hogar en el que rara vez hubo paz, y el músico emigró.

En Praga, donde vivió durante tres años, tuvo problemas con un marido celoso.

Durante una reyerta fue herido en una mano, y él se dedicó con el mayor empeño a recuperar su habilidad en el instrumento que dominaba.

El Cardenal Cornaro siguió acosándolo por su conducta, y Tartini se refugió en un monasterio de Asís con su violín Stradivarius...

Según Dubal,[4] la carrera de Tartini nos muestra algunos puntos interesantes: "Era irritable, de temperamento inestable, era un espadachín siempre enredado en duelos".

De esta etapa de su vida nos quedó la leyenda de la visita que le hizo Belcebú para dictarle el famoso *Trino del Diablo*.

Antonio Sachini (1730-1782)

Compositor de óperas florentino. Inició su formación musical en el Conservatorio de Nuestra Señora de Loreto, en Nápoles, donde posteriormente fue profesor. Pronto se destacó en la composición musical. Abandonó esta ciudad y en Venecia hizo repre-

---

4 DUBAL, D. (2001) *Essential Canon of Classical Music*. Nueva York: *North Point Press*.

sentar su ópera *Andrómaca* (1762). En la misma ciudad dirigió el Conservatorio del *Ospedaletto*, y se dedicó a la música sacra. En Londres, donde residió durante varios años, actuó con mucho éxito, pero se mezcló en reyertas y llevó una vida licenciosa, según los británicos. Su constante despilfarro lo llevó a una apurada situación económica. Entonces se fue a Francia y en París gozó del favor de la reina María Antonieta; compuso allí óperas muy influidas por Gluck, pero se enfrascó en permanentes disputas con Piccini, lo que influyó en el aplazamiento prolongado del estreno de su ópera *Edipo Rey*. El favor real le abandonó, y Sachini murió poco después a consecuencia de la depresión que le produjo su caída en desgracia.[5]

5 HONEGGER, Marc. (2991) *Diccionario de la música*. Segunda edición. Madrid: Espasa 1983. *Historia de la música clásica* (1983). Madrid: PLANETA.

Franceses irascibles

Pierre Perrin (1620-1675)

El infortunio acechó a los padres de la Ópera Francesa. Hablaremos en primer lugar de Pierre Perrin, quien nació en Lyon en 1620. Es conocido como poeta y libretista de la Ópera Francesa. Se casó a los treinta años con una viuda de sesenta que prometió ayudarlo en sus empresas teatrales. Cuando el matrimonio fue anulado, Perrin quedó abrumado por las deudas.

Unido a Robert Cambert presentó varias obras en teatros de París. Una de ellas, *Pomona,* se considera la primera ópera francesa. Estrenada el 3 de marzo de 1671, fue muy aplaudida. Luis XIV concedió a Perrin el privilegio para fundar y explotar el nuevo género de obras cantadas, y así se fundó la *Académie Royale de Musique (Teatro de la Ópera),* de París. Pero el dinero que esto produjo fue a parar a manos de sus socios: Sourdeac y Camperon. En la cárcel por las deudas contraídas, Perrin fue visitado por Jean Baptiste Lully, quien le hizo ofertas halagadoras por la cesión del privilegio real. Perrin se vio obligado a aceptar la propuesta, pero Lully no cumplió lo pactado.

Murió Perrin en París en 1675.

Robert Cambert (1628-1677)

Llegó al mundo en París. Fue compositor principalmente de ópera. Copartícipe del privilegio para la fundación de la *Academie Royale de Musique (Teatro de la Ópera)* de París, fue igualmente — como Pierre Perrin— víctima de Jean Baptiste Lully. Los apremios económicos lo llevaron a Londres, donde actuó como director de bandas, e inició actividades teatrales sin éxito. Murió asesinado por un valet de su servidumbre. El hecho originó los más variados rumores. Muchos sostenían que existían autores intelectuales del homicidio, posiblemente rivales en el campo musical que tenían cuentas pendientes con el occiso.

Jean Baptiste Lully (1632-1687)

Nació en Florencia. Temprano pasó de Italia a Francia y muy temprano triunfó por sus dotes musicales y su habilidad, se nacionalizó francés y obtuvo más prebendas que los músicos nacidos en ese país.

Ya antes había sufrido metamorfosis notables. Hijo de un molinero de Florencia, cantaba serenatas y era bailarín en los carnavales. Un monje franciscano le enseñó a ejecutar la guitarra, y él se convirtió en violinista autodidacto.

Las maneras ordinarias de Lully se transformaron en graciosas actitudes y en el carnaval de 1646 atrajo la atención del duque de Guisa, quien pertenecía al cenáculo de Madame de Montpensier, prima de Luis XIV de Francia. Fue contratado en la corte; allí comenzó como pinche de cocina, luego ascendió a camarero de la Montpensier y más tarde ya era violinista.

Terminó siendo director de los Veinticuatro Violines de Monsieur. En el documento de nacionalización aparece como hijo de un noble florentino, y en su apellido (Lulli) cambio la i latina por la y griega.

Lully escogió como esposa a la hija de un músico bien establecido, Lambert. La dote de la novia era de veinte mil libras. Hubo seis hijos en su matrimonio.

En 1659 se había estrenado una pastoral, con un texto de Pierre Perrin y música de Robert Cambert. Como se dijo atrás, ellos gestionaron la expedición de una patente real para establecer un teatro de ópera en París. Con influencias y estratagemas, Lully se hizo a la patente y pasó a la historia como el creador de la Ópera Francesa y príncipe de los músicos de Francia.

De personalidad compleja, con virtudes y defectos, fue respetado por su buen gusto y su capacidad de trabajo. Su conducta era sumisa o arrogante, según la condición de su interlocutor.

A veces, se enfurecía cuando un ejecutante se apartaba de sus instrucciones y llegaba hasta la destrucción del violín del infortunado.

Su influencia en la corte disminuyó cuando en el libreto de su ópera *Isis* se permitió alusiones a la favorita del soberano. Sin embargo, la causa principal de su caída en desgracia fue la excesiva atención que ponía en un mozalbete de la corte, a quien agobiaba con delicada zalamería. Los músicos que habían sufrido sus excesos de autoridad le crearon mal ambiente.

En ese estado de ánimo, y cuando dirigía una obra con su habitual vehemencia, se golpeó un pie con el pesado bastón que le servía para marcar el compás. El traumatismo le causó la inflamación que terminó en la gangrena que acabó con su vida.

Los méritos de Lully fueron reconocidos y contó con magníficos admiradores. El señor de Saint-Evremont, por ejemplo, se expresó sobre él en los siguientes términos: "He dado en general el consejo de que en todas las comedias hay que seguir las instrucciones del poeta. El músico las debe seguir, con excepción de Lully, que conoce la pasión y va más adentro en el corazón del hombre que el escritor".

Louis Marchand (1669-1773)

Nació en Lyon. Vivió entre 1669 y 1773, lo que quiere decir que fue contemporáneo de Juan Sebastián Bach.

Marchand fue compositor, clavecinista y organista. Pasó a la historia de la música por sus defectos más que por sus cualidades, que no le faltaron. Buen ejecutante, era un hombre ambicioso y de carácter irritable, lo que le ocasionó permanentes altercados con su esposa (la golpeaba cada vez que sus deseos no se cumplían).

En 1689 llegó a París, donde ganó fama de teclista virtuoso; allí se convirtió en organista de la iglesia de los jesuitas y más tarde también lo fue en Saint Benoit y en el convento de Cordeliers. Hablaba mal de sus colegas: El compositor Jean Francois Dandrieu fue objeto de sus invectivas. También sostuvo un altercado con Couperin, como él compositor, clavecinista y organista.

Fue objeto de demandas, acusaciones y sospechoso de negocios turbios. Expulsado de Francia en 1713 por Luis XIV, "por su impertinencia", emprendió un viaje por Europa, sobre todo a Alemania, donde su virtuosismo le valió un considerable éxito.

Marchand fue el rival que en 1717, en Dresde, desafió a Juan Sebastián Bach a una confrontación musical para definir cuál era mejor organista. Faltando poco para el enfrentamiento, el retador desapareció de la escena.

Finalmente regresó a París, a su puesto en el convento de Cordeliers, donde permaneció por el resto de su vida.

Jean Phillippe Rameau (1683-1764)

Rameau el irascible... Así llamó un biógrafo a Jean Phillippe Rameau, uno de los músicos más notables de Francia. Nació en Dijon en 1683. Viajó a Italia a los 18 años, y allí complementó sus estudios musicales. A esa edad era ya miembro de una orquesta de Milán. Gracias a un amigo borgoñón, el poeta Alexis Piron, el joven músico fue introducido a los círculos sociales del financiero y mecenas musical Jean Jacques de la Poupliniere.

Era organista en Clermont cuando pidió a sus superiores eclesiásticos que dieran por terminado su contrato. Ante la negativa, se manifestó muy a su manera y durante los oficios religiosos arrancó a su instrumento los más discordantes sonidos, causando conmoción en el sagrado recinto... y salió a la calle sin más explicaciones. ¡En la noche se repitió el estruendo!

No hubo más remedio que dejarlo partir. Mientras preparaba su viaje —ahora sí— brindaba a los feligreses ejecuciones armoniosas. Ya en París alistaba la representación de su ópera *Los Paladines*. En alguna ocasión, la cantante Sofía Arnaud se empeñaba en desobedecer las instrucciones del compositor; El volumen de su voz era exagerado, porque ella quería que el público escuchara la letra de las arias. Rameau le respondió con voz tonante: "Me da igual todo. Lo que quiero es que escuchen mi música".

De estampa sarmentosa, iba a la corte con pantorrillas postizas y trajes holgados para disimular su falta de carnes. Se dice que Madame Pompadour lo comparó con un fantasma la primera vez que lo vio. Sin embargo, Rameau le dedicó su ballet *Las sorpresas del amor* y ella representó el papel de Venus.

El músico era conflictivo, dominador, impositivo, temperamental y tenaz, si se tiene en cuenta que solo a los cuarenta años fue reconocido su talento, tras la publicación de su *Hipólito y Aricia*.

Jean le Rond d'Alembert, el famoso científico y pensador francés, colaboró con él en la fijación de las reglas de la armonía, y le ayudó a acceder a los medios intelectuales. Pero el músico terminó en agria disputa con el sabio.

Era Rameau el menos afectuoso de los mortales. Un contemporáneo suyo afirmó que el día de la muerte de su esposa, o de su hija, las notas de sus instrumentos seguirían sonando sin la más mínima emoción. De él se dijo: "Es el más ineducado, grosero e insaciable de su tiempo... Carácter sobrio, duro, interesado, glorioso, insaciable, no estimaba a nadie".

Defendió su fama de malgeniado hasta sus últimos instantes. Afectado de grave dolencia, fue llamado un sacerdote a su lecho. El cura prolongó demasiado sus letanías y el moribundo exclamó:

"¡Señor cura, deténgase, por favor! Ofende a Dios y a mí... Está desafinado".

Jean Phillipp Rameau fue uno de los músicos más brillantes de Francia. Murió en 1764.

Jean Marie Leclair

Era hosco y de difícil trato este músico, considerado como uno de los más importantes violinistas franceses. Nació en Lyon en 1697 y se hizo bailarín en Ruán, donde contrajo matrimonio con una joven rica. En 1722 se instaló en Turín como maestro de danza, y al año siguiente publicó una serie de sonatas para violín. Cinco años más tarde era concertista importante y debutó en el Concierto Espiritual de París.

Leclair se casó de nuevo en 1733, esta vez con la propietaria de una imprenta musical.

Ya hacía parte de la Orquesta Real y su rival se llamaba Guigno, con él se disputaba la posición de concertino. Con la intervención de amigos hicieron un pacto: rotación mensual de la posición. Leclair actuó como concertino por un mes, pero desconoció el trato, negándose a ocupar el segundo atril. La disputa terminó con la salida de Leclair de la orquesta. Viajó entonces a Holanda y al regreso entró al servicio del duque de Gramont, un admirador de sus facultades musicales. Por sus tendencias misantrópicas mantenía poco contacto con amigos. Vivía separado de su esposa, y uno de los sobrinos de ella, un violinista mediocre llamado Francois Vial, había llegado a París en busca de trabajo, solicitaba insistentemente a Leclair que le consiguiera sitio en la orquesta de Gramont y, como no lo logró, lo culpaba de su fracaso, discutían violentamente y le oyeron decir a Vial que su tío merecía la muerte. Por dicha razón fue uno de los sospechosos del asesinato de Leclair en 1764.

Otro sospechoso fue el jardinero del músico; encarcelado, en los interrogatorios se mostró elusivo y receloso. El sujeto había tenido problemas menores con la policía y temía que su situación se complicara.

De todas maneras el robo fue descartado como móvil del homicidio, ya que en la morada del difunto encontraron intactas las gavetas de su escritorio y muchos luises de oro.

Por último, se sospechó de la propia esposa de Leclair, con quien reñía a menudo por dinero. Poco después del asesinato de Leclair sus haberes fueron rematados, mas la suma obtenida no fue suficiente para cubrir sus deudas.

Germánicos
Temperamentales

Juan Sebastian Bach (1685-1750)

'El Incorregible Cantor'
CONSEJEROS DE THOMASSCHULE

Muchos compositores notables, como Juan Sebastián Bach, mostraron en algunos momentos de su vida impulsos agresivos, o tuvieron que defenderse de agresores.

En Arnstadt, en 1703, el joven Bach demostró su habilidad musical y fue nombrado organista de la corte con funciones en la Nueva Iglesia. Allí luchó por enseñar y mejorar la calidad de los coros. Era profesor que exigía mucho de los cantantes... y su exasperación por los pobres resultados lo llevaba a perder los estribos. Bach en alguna ocasión dijo que el sonido del fagot de su alumno Johann Heinrich Geyersbach parecía emitido por una cabra. Naturalmente, el aludido se ofendió. Cuando Bach atravesaba una plaza, acompañado por su prima María Bárbara, fue atacado por seis estudiantes armados de garrotes. El profesor debió desenfundar su espada para intimidar a los agresores, amigos de Geyersbach. Las autoridades educativas opinaron que el maestro debió ser más prudente y comprensivo con sus alumnos, lo que produjo a Bach un profundo desencanto.

El viaje de Bach a Lubeck para escuchar al famoso organista Buxtehude se convirtió en otro problema: Bach pidió permiso para ausentarse un mes y gastó cuatro meses en su periplo.

Al regreso fue reprendido, y sus superiores le criticaron por sus innovaciones y "sus curiosas variaciones cuando interpretaba el órgano". Le fueron prohibidas las "tonalidades extrañas que confundían a los fieles".

En Mulhausen dio muestras de rebeldía cuando participó en una discusión teológica entre los señores Filman y Frolme, éste superior de Bach, quien dio la razón públicamente al señor Filman, actitud sorpresiva en aquellos tiempos... Ya el gran músico hacía gala de firmeza de carácter, ánimo decidido, reciedumbre en sus ideas. No se dejaba imponer normas dudosas.

Cuando se encontraba al servicio del duque de Weimar, Guillermo Ernesto, Bach se quejaba de su escasa remuneración. Le ofrecieron mejores condiciones de trabajo en la corte de Cothen y pidió el necesario permiso a su empleador para desempeñar el nuevo destino. Se mostró Bach poco diplomático en esta solicitud y, ante su insistencia, el duque lo envió a prisión "por la obstinación con que gestionaba su partida". El duque se vio obligado a demostrar su autoridad, aunque no con mucho rigor, al fin autorizó el viaje del músico, pero hizo constar en el documento que su salida del servicio era "deshonrosa". (Diciembre de 1717).

En Cothen las cosas marchaban bien para Bach, hasta que se convenció de que la esposa del soberano prefería la música frívola y desdeñaba la suya. Se sometió entonces a las pruebas exigidas para acceder al cargo de Cantor de la iglesia de Santo Tomás, en Leipzig, así como Director de música de la Universidad de dicha ciudad, donde fue aceptado, y allí tenía que ejecutar el órgano, componer música y dirigir a ejecutantes y cantantes, amén de labores administrativas. Lograda esa posición se enfrentaba continuamente con el rector Ernesti y otros directivos de la institución. También mantuvo tirantes relaciones con el organista Gormer, incompetente según Bach. En una ocasión le gritó que debía dedicarse a la zapatería.

Su nueva gestión no dependía de un solo patrón: primero, el consistorio, para orientar la música de la universidad debía hablar con el canciller de la institución, y como profesor de música de la *Thomasschule* debía entenderse con el rector. Los consejeros opinaron que Bach era obcecado y que ignoraba a las directivas (lo llamaron el '*Incorregible Cantor*'). El señor Jacob Baron llegó a afirmar que en siete años Johan Sebastián Bach nada había hecho y que mostraba poca inclinación por el trabajo. Así pagaban a quien había compuesto una treintena de cantatas en sus primeros tres años de labores, además de la *Pasión de San Juan*, y poco después dirigió *La Pasión según San Mateo* (1729), obras que llevaron el género a su más alto nivel. El compositor escribió que los funcionarios "tenían poco interés por la música" y que él había sido víctima de "constantes ofensas y acoso".

Alabanzas y vituperios llovieron sobre el gran cantor de Leipzig. Alguien que lo conoció escribió: "Era terco, tenía carácter fuerte, se decía que era difícil tratar con él. Sus alumnos, y más que todo sus hijos, debieron sentir temor en su presencia".

Sin embargo, Bach tuvo defensores abnegados cuando fue atacado por sus contemporáneos. Gottieb Biedermann publicó un panfleto en Freiberg en el que tildaba de depravados y viciosos a todos los músicos; Johan Sebastián se sintió aludido en algunos apartes del libelo y C.G. Schroter se encargó de responder las acusaciones.

En 1737, J.A. Scheibe llamó ¨*musicant*¨ a Bach, un término despectivo, en vez de mencionarlo como Cantor o Virtuoso, títulos que Bach reclamaba. El compositor creyó imprudente contestar personalmente la diatriba, y desinteresadamente lo hizo su amigo Bimbaum, docente de la Universidad de Leipzig. Pero Bach no era rencoroso. Cuatro años después pidieron su opinión sobre un órgano fabricado por el padre de Scheibe y opinó públicamente que no encontraba fallas en el instrumento y que debía ser aprobado.

Su contrincante Ernesti falleció a los sesenta años y Bach compuso hermosa música para su funeral. Bach permaneció veintisiete años en Leipzig, donde falleció de apoplejía en 1750, después de haber sufrido, con un mal resultado, dos intervenciones quirúrgicas a causa de una grave enfermedad de la vista. Dichas operaciones fueron realizadas por un cirujano itinerante, un llamado "oftalmiatra", "el caballero John Taylor", quien también trató -sin éxito- a Jorge Federico Haendel.

Jorge Federico Haendel (1685-1759)

Haendel fue el Júpiter de la música.

LEIGH HUNT (1851)

Jorge Federico Haendel, compositor alemán nacionalizado inglés (Halle 1685-Londres 1759), nació en la familia de un barbero-cirujano de clase media económica. Se estableció en Hamburgo y allí amplió sus actividades a la música teatral, tocaba el violín y ocasionalmente dirigía la orquesta.

En 1703 se fue a Italia, donde actuó exitosamente y era llamado *Il caro sassone* (El querido sajón). En ese país protagonizó un altercado con Arcangelo Corelli, renombrado violinista y compositor: Se estaba ensayando una obra de Haendel. El compositor, impaciente y brusco, quitó el violín al italiano y en forma poco cortés le mostró cómo se ejecutaba el pasaje que se ensayaba.

Regresó a Alemania a los veinticinco años de edad. Era considerado un eminente clavecinista y su permanencia en Hannover como maestro de capilla del Elector fue una etapa feliz en un comienzo. La esposa del patrón escribió a la reina de Prusia que Haendel era un maravilloso músico y que parecía ser el amante de Victoria Tarquini.

Muy joven, Haendel sostuvo un altercado en la Ópera de Hamburgo. Johann Mattheson, organista, clavecinista y además cantante, actuaba como vocalista en el primer acto de la ópera *Cleopatra*, de Haendel. Al terminar su actuación, Mattheson bajó del escenario y quiso desplazar a su sustituto en el clavicordio, Haendel. Éste se opuso a la decisión del cantante. La discusión llegó a la vía pública, brillaron las espadas y casi termina allí la vida del futuro gran compositor alemán.

Haendel mostraba una viva inteligencia y, ya establecido en Londres, hablaba con gracia pero intercalando palabras en inglés, alemán, francés e italiano. Era punzante en sus apreciaciones, y cuando fracasó su oratorio *Teodora*, dio así su explicación: "Los judíos no fueron porque era una historia cristiana... y las damas no fueron porque era una historia virtuosa".

En la capital inglesa ocupaba una buena posición social sin ser noble, y se le conocía porque a veces era irascible e impaciente, de ánimo contradictorio, pero nunca vengativo.

A la cantante Francesca Cussoni estuvo a punto de tirarla por una ventana cuando ella insistía en agregar florituras improvisadas a una de sus obras.

En Londres ganó enemigos por su autoritarismo y falta de tacto. Con Joseph Addison, autor de libreto de la ópera *Rosamond* -un fracaso con música de Clayton- discutió acaloradamente. Cuando Haendel triunfó, Addison se valía de panfletos para insultarlo y varios colegas se sumaron a los ataques.

Se conserva una caricatura en la que aparece con hocico de cerdo y las piernas hinchadas, sentado sobre un barril delante de un órgano, rodeado de botellas de vino y jamones. Los enemigos aludían a su corpulencia y buen apetito. Por igual razón sus amigos le llamaban *El hombre montaña*, aludiendo al *Gulliver* de Jonathan Swift.

Un enemigo solapado llamó Proteo al compositor, en alusión al transformista del mito griego. El elogio era malicioso... pero retrata el genio multiforme de Haendel, quien puso música a textos franceses y españoles, escribió oratorios ingleses y puso melodías a poemas alemanes compuso óperas italianas y musicalizó textos sagrados.

La actividad empresarial le trajo a Haendel muchos sinsabores. El aporte oficial era exiguo a pesar de que la empresa era el Teatro Real. También tuvo que enfrentarse con Giovanni Bonancini, quien llevó la peor parte, pues cometió grave error de hacer pasar por suya un aria de Lotti... y además los críticos dictaminaron que Haendel era superior al italiano.

Haendel reorganizó sus finanzas y las del Teatro Real, pero surgió otro rival, Nicolo Porpora. En este enfrentamiento también salió triunfante Haendel.

Dos problemas de salud enfrentó: A los cincuenta y dos años su brazo derecho se paralizó (probable accidente cerebro-vascular). Se curó con las aguas medicinales del doctor Francis Duval (1737). En 1743 se repitieron los síntomas anteriores, pero se recuperó pronto y pudo componer el *Tedeum de Dettingen*.

En 1757 estaba perdiendo la vista (ojo izquierdo). Fue tratado por el doctor W. Bromfield. Y en 1758 cayó en manos de un llamado "oftalmiatra", cirujano itinerante, el mismo que había operado -sin éxito- a Juan Sebastián Bach. Haendel quedó ciego y acongojado. Su memoria permanecía intacta y a los 64 años ejecutaba el órgano en privado y en público.

Los desórdenes mentales atribuidos a Haendel son dudosos. Se habló de melancolía, pero este término en su época fue empleado irresponsablemente. Era compulsivo, pero no maniaco. Su mente estaba en orden y al morir sus cuentas eran claras, lo mismo que su testamento. Dejó 20.000 libras, una casa en Londres, cuadros valiosos (Entre ellos un Rembrandt), y un clavicémbalo.

En este periodo de Londres fue discreto en amores y aplicaba la misma virtud a su generosidad. Fue uno de los fundadores de importantes instituciones para niños y para músicos pobres, tanto en Londres como en Dublín.

Joseph Haydn (1732-1809)

Joseph Haydn nació en Rohrau (Austria) en 1732 y expiró en Viena en 1809. A los ocho años ingresó al coro de la Catedral de San Esteban en Viena, y a los dieciocho fue dado de baja por el cambio de voz. Trabajó para el conde Morzin, así como para otros melómanos ricos, y fue contratado por Esterhazy como director de la música de su castillo.

El matrimonio de Haydn fue desastroso. Tenía una novia y ella decidió ingresar a un convento. Él entonces contrajo nupcias con la hermana de la prometida, quien resultó ser una esposa discutidora, problemática, de trato áspero. El compositor, de veinticuatro años de edad, llegó a la desesperación y a llamarla "Bestia infernal".

Ya lejos de su esposa, Haydn entabló relaciones con la cantante Luigia Polzelli, quien confesaba diecinueve años de edad y tenía un hijo llamado Pietro. Estaba ella casada con un barítono. Cuando expiró el señor Polzelli los amantes pensaron en legalizar su romance, y Haydn dejaba ver que deseaba la muerte de su esposa, increíble actitud en un cristiano... Quedaron para la historia las siguientes palabras del músico: "Querida Polzelli, vendrá el tiempo que tanto hemos deseado, cuando cuatro ojos estén cerrados. Dos ya lo están, los otros dos cuando Dios quiera". Pero la cantante consiguió otro barítono y Haydn comenzó a viajar a Viena, París y Londres, ciudades que reclamaban su presencia.

Los hechos mencionados constituyen raros ejemplos de agresividad o exasperación en la vida de Joseph Haydn. Habitualmente se le veía de buen humor y de trato amable con sus empleadores y subalternos de la orquesta del castillo de Esterhazy. Y no puede pasarse por alto en una obra dedicada a grandes músicos, el papel de este austriaco y su aporte al desarrollo del periodo clásico de la música.

Haydn recibió influencias musicales de Karl P. Bach, hijo del venerable Juan Sebastián Bach.

Wolfgang Amadeus Mozart (1756-1791)

No pongo atención si me alaban o me atacan.

AMADEUS MOZART

De precocidad singular, este prodigioso músico nació en Salzburgo en 1756, en el hogar de un destacado violinista. Murió en

Viena en 1791, a los treinta y cinco años de edad. A pesar de la brevedad de su vida, compuso más de 600 obras (teatrales, sinfonías, misas, serenatas, conciertos para violín y orquesta, conciertos para piano, sonatas para violín y piano).

A los cuatro años el pequeño Mozart recibió las primeras lecciones de clavicémbalo de su padre, Leopoldo, quien supo cultivar con habilidad el talento innato de su hijo. A los seis años Mozart compuso su primer fragmento musical, un minueto. A los siete se reveló como violinista y clavecinista.

Desde joven expresaba Wolfgang conceptos imprudentes sobre sus colegas.

En 1782 escribió a su padre diciéndole que Daniel Gatti, Maestro de Capilla de la Catedral de Salzburgo, era un asno que había solicitado al arzobispo permiso para componer una serenata en su honor, que le faltaba mucho por aprender. Del pianista Richter decía que actuaba sin gusto ni sentimiento. De Vogler, que no respetaba la armonía de sus sonatas y que el *Presto*, (en música movimiento muy rápido), lo ejecutaba en forma acelerada. Y del compositor Johan Ernst Eberlin sostenía simplemente que sus fugas eran triviales.

En una ocasión se ensayaba una de sus sinfonías en Leipzig. Insatisfecho, el compositor estalló en furia y trató a los músicos de incompetentes, decrépitos y faltos de atención. (Después de la reprimenda de Mozart la orquesta mejoró su actuación).

Como director de sus obras escénicas era más o menos tolerante. Pero si la ejecución no le satisfacía, su rostro enrojecía y golpeaba el suelo con sus botas. Era exigente con los cantantes y no vacilaba en increparlos si no seguían sus instrucciones. En la primera presentación de *El rapto del serrallo* se mostró furioso.

En octubre de 1787 se ensayaba en Praga su ópera *Don Giovanni*. La cantante Teresa Bondini no acertaba a interpretar su papel correctamente. El compositor, a gritos, manifestó su descontento. En alguna oportunidad escuchó a la orquesta de la Capilla Real de Versalles. La agrupación le causó mala impresión. Hizo comentarios poco elegantes y a su padre escribió que había escuchado una música vacía, fría... ¨El conjunto de la música francesa no vale un centavo¨ decía.

Tales salidas no extrañaban a los austriacos. Había dicho: ¨Una de las razones por las que detesto a Salzburgo es porque los músicos de la corte son ordinarios y disolutos... a un hombre honesto le es imposible vivir al lado de ellos¨.

Nunca cesaron sus maldiciones contra el compositor y violinista Giuseppe Cambini (1746-1825), conocido en París por sus enredos y litigios. Iba el joven Mozart a estrenar una de sus obras, una sinfonía concertante. Y poco antes del evento se extraviaron las partituras. Se sospechó de Cambini y éste se proclamó inocente. El programa fue cambiado a última hora.

Mozart abandonó Paris algún tiempo después, y pronto Cambini estrenó una sinfonía concertante con la misma instrumentación que el austriaco había empleado en su obra.

En algún momento difícil debió pedir dinero prestado al señor Prokorny, de Brunn, respaldado con la entrega de su reloj de oro. Este nuevo personaje en la biografía de Mozart ingresó a la historia por ser padre de Magdalena, su alumna, casada con el hermano masón Hofdemel, de Viena. La gente daba por seguro de que se había constituido un trío amoroso (Mozart, Magdalena y Hofdemel). El esposo de Magdalena se suicidó poco después del entierro del compositor.

¿Por qué Mozart no recibió un nombramiento en la corte, un destino lucrativo? ¿Por qué el rechazo, la indiferencia hacia él? Las lenguas de Viena nunca estaban sosegadas. Corrió la especie de que en la corte veían a Mozart con malos ojos por sus amoríos con su alumna Magdalena, sobre todo porque el marido era ¨hermano masón¨. ¡El músico también lo era!

Aún después de su desaparición algunos colegas hablaban mal del compositor. Salieri, por ejemplo, dijo: ¨ ¿Está muerto? ¿Quién lo mató? Su inmoralidad; si no, escuchen *Don Giovanni* y comprenderán¨.

La correspondencia del músico ha sido motivo de estudio minucioso. Le encantaban las menciones a las funciones digestivas (¨comicidad fecal¨), y se encuentran en sus cartas referencias de tipo fálico. Varias de sus misivas han sido censuradas u omitidas por sus biógrafos.

Al final de su vida tuvo el músico una contrariedad: Iba a ser coronado Leopoldo II en Frankfurt (Sacro Imperio Romano). No se escogió para el evento una obra de Mozart sino una del compositor y violinista Carl Ditters von Ditterdorf: *L'Amore in manicomio*. La decisión entristeció al joven compositor y frustró su esperanza de recibir un buen estipendio. Sin embargo, no parece que este fracaso lo deprimiera.

Dicen ciertos biógrafos que Mozart iba frecuentemente a las casas de juego, y que su esposa malgastaba el dinero.[6]

La pareja viajó a Praga a las representaciones de sus obras *La flauta mágica y La clemencia de Tito*. Compuso Mozart, además *La cantata masónica*. Todo esto en septiembre y noviembre de 1791, lo que desvirtúa la idea de que el maravilloso compositor estuvo acosado por depresión y presagios funestos antes de la enfermedad que lo llevó a la tumba el 5 de diciembre del mencionado año.

Biografías, novela y filmes se refieren a la muerte misteriosa de Mozart en plena juventud. Y aparece a menudo un personaje ¨siniestro¨ llamado Antonio Salieri. Este importante músico italiano no merece las acusaciones de que ha sido objeto. Todo nació de consejas y habladurías, muy frecuentes en la Viena de esa época.

MELOGRANI, P. (2007). *Mozart's Biography*. The University of Chicago.

Vamos por partes:

Nació **Antonio Salieri** en 1750, en Legnano (Italia) seis años antes que Mozart, y falleció en Viena en 1826. Amigo y protegido de Gluck, fue un hábil compositor, activo hasta poco antes de su fallecimiento. Su obra influyó sobre las creaciones de Schubert, Beethoven, Liszt y Czerny. Su ideario lo traducía a una célebre frase: "Primero la música, luego las palabras". Así tituló una de sus óperas. L 'Europa riconosciuta, una de sus más exitosas obras, fue un encargo de la emperatriz María Teresa de Austria, habiéndose ejecutado en la inauguración de la Scala de Milán. Prolífico, fueron treinta y siete sus óperas.

Ya sexagenario perdió la vista, y sus dolencias lo llevaron a un refugio para ancianos.

Delirante, ¡dijo que él había matado a Mozart! ¡Fueron testigos de su confesión dos enfermeras que trabajaban allí esa noche! De tal impostura nació la leyenda de un Salieri asesino.

Leopoldo, el padre de Mozart, sostenía que Salieri era intrigante, ambicioso y celoso de los éxitos del joven Wolfgang. Las bodas de Fígaro no fue muy aplaudida en sus primeras representaciones, y Leopoldo culpaba a Salieri del insuceso. ¡Salieri en esos días se encontraba en Francia!

Biógrafos acuciosos han encontrado que las intrigas fueron obra de Casti, poeta rival de Lorenzo da Ponte, autor del libreto de la obra mencionada. Casti y de Ponte se odiaban.

A favor de Salieri se anota que en 1788 fue designado maestro de capilla de la corte y escogió Las bodas de Fígaro para la celebración de su nombramiento.

Ludwig Van Beethoven (1770-1827)

Las extravagancias de Beethoven han llegado al non plus ultra de la Séptima
Sinfonía, y está listo para ingresar a una institución para desequilibrados.

C.M. VON WEBER

Nació en Bonn en 1770 Ludwig van Beethoven, una de las más grandes figuras de la música. Fueron sus padres Johann van Beethoven y María Magdalena Keverich. Tuvieron otros cinco hijos, de los cuales solo sobrevivieron dos: Kaspar van Beethoven y Johann Beethoven. La familia vivía bajo condiciones modestas.

Muy pronto Ludwig se sentó al piano. Neefe, su profesor, conceptuó: "Si sigue tal como ha comenzado se convertirá en un segundo Mozart (1783). Ya entonces devengaba salario en la corte como organista y ayudaba a sostener la familia. Otro de los profesores del adolescente, Albrechsberger, afirmó más tarde que nunca aprendía. "No puede hacer nada en estilo decente", añadió. Wolfgang Amadeus Mozart no descubrió el potencial musical del joven Beethoven ni le impresionó su ejecución pianística. Mozart le dio un tema para que el joven improvisara... al final le dijo en forma condescendiente: "Algún día harás mucho ruido".

Y Joseph Haydn se mostró impaciente ante Beethoven. Encontró que se apartaba de la armonía tradicional y que sus maneras eran bruscas. Ludwig pensó que Haydn era un ser aburrido y exigente. No obstante sus primeras tres sonatas para piano fueron dedicadas al viejo maestro. Temperamental y orgulloso, Beethoven se creyó siempre igual a los nobles. En el coexistía la falta de tacto con incapacidad para dominar su temperamento.

Los tres poderosos que otorgaron una pensión a Beethoven en sus años difíciles fueron el príncipe Lichnowsky, el príncipe Lobkowitz y el barón von Swieten. Y estos nobles tuvieron que soportar sus impertinencias.

Con sus médicos mantuvo relaciones tirantes. Increpaba al doctor Verig porque no curaba pronto sus dolencias. Al doctor Malfatti lo llamó "el astuto italiano". Se disgustó con el doctor Bertollini porque se atrevió a insinuarle unas ideas musicales. Pero al doctor Pascualatti lo respetaba porque era médico de la Emperatriz. Un periodista de su época decía que Beethoven era más bien ingenuo y que parecía un niño ansioso y otro manifestaba que era excéntrico pero con una cordialidad aniñada. Grillparzer lo encontraba noble y conmovedor a pesar de sus exabruptos.

Su hermano Kaspar von Beethoven sufría de tuberculosis. En el otoño de 1815 su condición empeoró, y entonces decidió la suerte de su hijo Karl, encomendándolo a su esposa y a su hermano Ludwig, quien logró la modificación de esta disposición para que el sobrino quedara a su cargo, excluyendo a su madre Johanna. El niño de nueve años fue entregado al compositor por una corte que ventilaba asuntos de los nobles de Austria. El compositor alegó que la madre carecía de las virtudes morales y de la capacidad intelectual para educar a su propio hijo.

Colocó al niño en una escuela privada, el Instituto Giannastasio (febrero de 1816), y declaré: "Allí no verá ni oirá hablar de su madre depravada". Comenzó así una intensa lucha por la tutela de Karl. Como Johanna protestaba por la injusticia, contestaba el compositor con los peores epítetos, comenzando con el apodo de "Reina de la noche".

Beethoven sospechaba que el sobrino se entrevistaba con su madre a escondidas y que algunas personas de su entorno favorecían esos contactos. Pero el joven fue operado de una pequeña hernia y la madre no pudo visitarlo.

El mismo Beethoven reconocía que sus nervios estaban alterados, pero lo achacaba al mal momento económico y a la sordera que sufría. Sus actitudes paranoicas lo llevaron hasta a pedir al maestro de Karl que castigara severamente al pupilo cuando dejara de seguir las reglas de la institución. Pasado algún tiempo, Beethoven accedió a que la madre visitara al hijo una vez al mes, pero exigió que aportara dinero para su educación. Encargó a un maestro privado la enseñanza del joven, y contrató domésticos con los que vivía discutiendo permanentemente y vigilaba los gastos en forma extrema.

La madre de Karl siguió en sus alegatos ante el juzgado respectivo y sobornaba a los servidores para que la mantuvieran informada sobre la vida de su hijo. Beethoven despidió a los servidores y entró en la más grande confusión acerca de su misión paterna. La apelación de Johanna fue desechada. Ella insistió, siendo rechazada su petición de nuevo. El joven fue matriculado en el Gimnasio Académico y recibía además clases en el hogar.

El 11 de diciembre de 1818 fue el día más humillante de Beethoven: Fueron los litigantes y Karl al Juzgado, y después de las declaraciones del joven y de su madre se escucharon las palabras de Hotschevar, un señor honorable que conocía bien a los personajes en contienda. Declaró que ellos eran excéntricos, pero repitió cinco veces el calificativo para referirse al compositor. Siguió una declaración del párroco de Modling, quien confesó que el documento que daba la tutoría de Karl al compositor había sido alterado porque había recibido de este un préstamo de mil quinientos florines.

Una imprudencia de Beethoven lo colocó en situación desfavorable, pues afirmó que enviaría a Karl al Theresiarum, escuela exclusiva para nobles. El juez le preguntó si tenía los documentos que le acreditaban un título nobiliario. Se estableció entonces que la partícula *van* no avalaba su condición de noble... y el caso fue transferido a un juzgado ordinario, lo que significó un terrible golpe para el compositor. Se sintió disminuido ante Karl, Johana y la prensa vienesa.

En el mes de enero el joven fue devuelto a su madre. Beethoven se dirigió de nuevo al juzgado en un escrito alocado, lleno de menciones históricas que se remontaban a la Grecia antigua. El alegato denotaba la ofuscación y la desesperación del compositor.

En privado arreciaron los ataques de Beethoven a Johanna. Y como él tenía aún amigos influyentes, Karl fue encomendado a otro tutor, Mattias von Tuscher.

A mediados del año el Magistrado accedió a la petición de Johanna de colocar a Karl en la escuela de Joseph Blochlinger, en la que ningún familiar podía visitarlo. El otro hermano del compositor, Johann van Beethoven, fue objeto también de la cólera de Ludwig, cuando éste supo que se había entrevistado con Johanna para colaborar con la autoridad. Según Johann, debía protegerse a Karl del autoritarismo del músico.

Beethoven tenía razones para evitar la influencia sobre Karl de su madre. Ella era aficionada al dinero y se le criticaba su aparición en el Baile de los Artistas como *Reina de la Noche*, acompañada por su amante, tres meses después de la muerte de su esposo Kaspar.

Johanna, por su parte, conocía la manera de provocar la ira de Beethoven, como cuando sugirió el nombre de su hermano Johann para tutor de Karl. Sabía bien que en ese momento los dos hermanos estaban distanciados.

La última instancia a la que recurrió Johanna fue la Corte Imperial (enero 7 de 1820), con un largo memorial. Pero el magistrado falló a favor de Ludwig, al parecer bajo la influencia del archiduque Rodolfo. Un magistrado de nombre Karl Peters fue designado co-guardián del joven. Además se dispuso que este debería permanecer durante los tres años siguientes en la escuela del educador Blochlinger.

En esa época Beethoven concibió una gran misa para la entronización de su amigo, el archiduque Rodolfo, como arzobispo de Olmutz. Se dijo que así agradeció el compositor sus gestiones en el sonado pleito. Un poco más tarde Beethoven dedicó al mismo Rodolfo su monumental sonata para piano que conocemos como *Hammerklavier*.

Resulta sorprendente que después de los agotadores esfuerzos por conservar su dominio sobre el sobrino, y del evidente desgaste de su salud, Beethoven tuviera fuerzas para emprender tareas de esa magnitud.

En 1820, el 26 de diciembre, el compositor cumplió cincuenta años. Sufría de colitis, dolores reumáticos, problemas respiratorios, cefaleas, y estaba abrumado por la sordera y la merma de la visión, además de ictericia. Todo esto influyó en el fracaso de su ópera *Fidelio*. Los ensayos estuvieron marcados por un desorden absoluto. Y en el estreno de la *Novena Sinfonía* la dirección de la orquesta pasó a manos de Unlauf. Beethoven no pudo escuchar los aplausos del público.

Fueron desastrosas las consecuencias del viaje del compositor a la localidad donde vivía su hermano Johann. En pleno invierno regresó a Viena en un carruaje descubierto, lo que le ocasionó una neumonía que se sumó a la hidropesía que le aquejaba. El compositor recibió un regalo de cien libras enviadas por la Sociedad Filarmónica de Londres y pidió a sus editores de Maguncia el vino del Rin que el doctor Malfatti le había recomendado. El vino llegó tarde, el enfermo desfallecía.[7]

Estudios médicos recientes han llegado a la conclusión de que el plomo, empleado en las curaciones de las punciones abdominales que le fueron practicadas a Beethoven como enfermo con cirrosis y ascitis, aceleró su final.

A pesar de los lamentos sobre su situación económica, dejó al morir, el 16 de marzo de 1827, diez mil florines, suma equivalente al salario de dos años de un cantante importante de la Ópera. El sobrino Karl fue el heredero único.

Hubo quien llamara en Viena a Beethoven "Oso civilizado", "Cómico y animado" lo llamó su amigo Schindler, "Amigo áspero e ingenioso" fueron las palabras de Roch. Y las de Seyfried: "Inconstante como pocos..." Según Thayer era altanero y según Zelter lunático. En carta a Goethe su admiradora Charlotte Brunswick afirmó "que había enloquecido".[8]

---

7 MORRIS, E. (2005). *Beethoven.* Nueva York: Harper, Collins.

8 SOLOMOM, M. (2004). *Late Beethoven. Music, Thout,. Imagination.* Bekerly, Cal.: University of California.

"Fueron interminables las querellas con relacionados y amigos. Se volvió cada vez más receloso e irritable, especialmente en los últimos años cuando su sordera fue total. Hubo complicadas negociaciones con los impresores, en las que mostró una impresionante astucia".[9]

Son incontables las páginas que se han dedicado a Beethoven en todos los rincones del mundo. Sobre el manejo que hizo de la forma sonata y la sonata como género musical, escribió el médico Luis E. Bonilla: "En cuanto a la forma, Beethoven fue irrespetuoso, pero un irrespetuoso genial con lo que Haydn, Mozart y otros habían configurado dentro de las normas clásicas, no obstante que ellos habían sido sus maestros y modelos. Ese irrespeto no se limitó a lo musical, sino que abarcó también el campo social. Así, no tuvo empacho en calificar de 'canalla principesca' a la aristocracia vienesa, de 'asno' al príncipe Lobkowitz, y en dejar muchas veces con un palmo de narices al príncipe Lichnowsky. Y sabemos cómo trató en cierta ocasión al olímpico Goethe. A pesar de su soberbia la aristocracia lo consentía y mimaba, los príncipes lo protegían y el poeta lo respetaba y admiraba".[10]

El piano fue el instrumento preferido por el compositor renano. Czerny, pianista, compositor y alumno de Beethoven, dijo: "Nadie le igualaba en la rapidez de sus escalas, en los dobles trinos y en los saltos. Nadie, ni el mismo Hummel".

Cuando Pleyel, famoso, llegó de París a Viena con sus últimas obras de música de cámara, estas fueron ejecutadas en el palacio del príncipe Lobkowitz. Beethoven estaba presente y, terminada la sesión, se le invitó a que tocara. De mala gana se levantó, tomó del atril la parte del segundo violín del cuarteto de Pleyel, se sentó al piano y comenzó a improvisar. Conozcamos el relato de Czerny:

---

9 MACHLIS, J. (1970). *The enjoyment of music*. Nueva York: Norton Co.

10 BONILLA, L.E. (1987). Las treinta y dos sonatas para piano de Beethoven. Bogotá: Tercer Mundo Ediciones.

"Nunca había oído improvisar tan lúcidamente como esa noche... El viejo Pleyel sólo pudo manifestar su asombro besándole las manos".

Vogler, Gelinke, Steibelt y otros célebres pianistas pagaron muy caro el atrevimiento de enfrentarse al Titán, que los aplastaba con su incomparable superioridad.

Siglo XIX
Fecundo y agitado

John Field (1782- 1837)

Fue un compositor y pianista este irlandés, poco apreciado por los historiadores de la música. Los primeros Nocturnos, una forma musical que imperó en la era romántica, fueron compuestos por Field y Chopin siguió su ejemplo. Pero muchos melómanos creen que el polaco fue quien los "inventó". Ésta y otras curiosidades son parte de la pequeña historia de la música.

Vivió Field entre 1782 y 1837. Pasó sus primeros años en Dublín, su ciudad natal, y allí sufrió el trato riguroso de su padre, de profesión violinista. Los métodos paternos eran extremadamente severos en esa época, sobre todo en lo tocante a la enseñanza del piano. Esto creó en el niño un deseo de evasión, inestabilidad emocional, sociabilidad difícil y afición al alcohol cuando fue mayor.

Muy temprano recibió clases del pianista, compositor y constructor de pianos Muzio Clementi, quien lo empleaba en la demostración de los pianos que vendía. Era su alumno y vendedor de su mercancía.

Después deambuló por Europa y triunfaba siempre por su habilidad pianística. Le costaba trabajo establecerse en un solo lugar y en sus correrías llegó a San Petersburgo repartiendo su tiempo entre alumnos y tabernas. Cabe aquí hacer hincapié en una de sus excentricidades: ¡Recomendaba a sus alumnos el estudio de los maestros alemanes, excepto la música de Beethoven!

Nicolo Paganini (1782-1840)

Nació en Génova, en 1782. Sufrió episodios catalépticos en la infancia, ejecutaba muy bien el violín a los trece años y a los veinticuatro ya había compuesto los famosos *Veinticuatro Caprichos*.

La vida de Paganini fue agitada, llena de hechos curiosos.

Cuando el gran violinista se estableció en Padua había salido de una etapa oscura. Se decía que por la muerte de un rival en amores había estado en la cárcel. En la reclusión, se dijo, tuvo tiempo para perfeccionar la ejecución del violín. Paganini siempre negó esas aseveraciones, pero no desmentía los rumores de que había pasado esa temporada en un castillo disfrutando de la compañía de hermosas damas y componiendo música para amigas y admiradoras.

Elisa, hermana de Napoleón, figuraba entre sus "conquistas". La que sí tuvo reales amores con él fue Madame Laplace. De este periodo data la sonata *Napoleón*.

En su juventud agitada recibió un regalo inestimable: Un francés, el coronel Livron, le obsequió un violín Guarnerius construido en 1742, al cual se le conoce como *El Cañón* por su extraordinaria sonoridad.

Su vida sexual activa llevó a su médico a pensar que la tos persistente y su emaciación eran debidas a la sífilis, enfermedad de moda. Lo peor no fue el diagnóstico sino el tratamiento a base de mercurio por vía oral y cutánea. Se quejaba el paciente de los efectos secundarios del medicamento.

A continuación resolvió recorrer ciudades europeas y se dirigió a Viena. En el momento (1828), brillaba en la capital austriaca el violinista Joseph Bohn, admirado por todos los melómanos. El éxito abrumador de Paganini sumió a Bohn en depresión y se fue de la capital.

Sufrió las consecuencias del éxito de Paganini Antonia Bianchi, su compañera y madre de su hijo. El violinista se quedó con el hijo, Aquiles, y compensó a la madre con una buena suma de dinero. Este arreglo fue el origen de acres litigios.

El violinista genovés recibió un llamado de Varsovia, ciudad que iba a celebrar la coronación del zar Nicolás I. Brillaba allí Lipinski y pronto la rivalidad entre los dos se hizo patente. Discutían hasta los sitios y fechas de sus presentaciones. Cuando se estrenó la *Misa* en honor del zar, Paganini fue designado director de la orquesta y Lipinski su asistente.

Aventuras, episodios románticos, alternativas de éxito y depresión jalonaron los primeros cuarenta años de Paganini, un hipocondriaco que guerreaba permanentemente con sus médicos y que aliviaba su psicastenia con pociones a base de vino rojo...

Según la costumbre de la época, sostuvo un duelo musical con el violinista Lafont, en el cual fue claro vencedor Paganini.

El violinista estaba seguro de su superioridad, el público de las capitales europeas lo aclamaba sin reservas alimentando su vanidad. Su umbral de excitabilidad era muy bajo, es decir, se irritaba fácilmente y lo ponía al borde de la agresión. Su diagnóstico en psicología sería el de paranoia sensitiva.

Encantador o desagradable en el trato con los demás, pasaba fácilmente de la bonhomía a la cólera. Proclamaba orgullosamente: "He llevado a lo sublime el arte del violín".

En varias épocas de su vida se mostraba deprimido, retraído y desconfiado, hasta el punto de entregar las partituras a los músicos de la orquesta inmediatamente antes de su función y quitárselas apenas terminaba. Creía que los miembros de la orquesta iban a copiar la obra y plagiarla, o a ejecutarla sin su permiso y sin pago de derechos de autor.

Regaló dinero a Héctor Berlioz empobrecido, pero discutía enconadamente sus honorarios con los empresarios. En Londres sufrió boicot por elevar desmesuradamente el valor de los boletos de entrada a uno de sus recitales.

En una población italiana actuaba Paganini. La cantante principal del espectáculo fue abucheada por el público y Paganini pensó en una venganza musical. Dijo al recibir los aplausos, al final del concierto, que iba a imitar con su violín los sonidos emitidos por los animales. Se escucharon trinos, gorjeos, graznidos, ladridos, y el público reía y aplaudía entusiasta. Finalmente imitó perfectamente un rebuzno y dijo: "Así se expresan los que abuchearon a la cantante". Los asistentes se enfurecieron, Paganini alcanzó la puerta trasera del teatro y se salvó de un linchamiento.

Paganini hablaba mal de los prelados y nunca pagó diezmos a la Iglesia. Al morir se le negó una tumba en suelo sagrado si no se daba parte de la herencia al obispo de Niza, donde falleció en 1840. En fin, hubo un enredo que necesitó la intervención del conde Cassole. Su cadáver fue escondido y en secreto llevado a Génova.

Gioacchino Antonio Rossini (1792-1868)

Este compositor italiano nació en Pesaro en 1792 y falleció en París en 1868. Su padre Giuseppe era trompetista y por sus ideas revolucionarias estuvo en la cárcel, habiéndose visto obligado después a abandonar Pesaro. Al establecerse la familia en Bolonia en 1804, inició Rossini sus estudios de música. Muy pronto, a los 13 años, comenzó a destacarse como clavicembalista, violinista y cantor de coro en las iglesias. Estudioso del piano, del violoncelo y del contrapunto, empezó a componer sus primeras obras musicales.

Se estableció después Rossini en Roma, donde obtuvo mucho éxito con la presentación de sus óperas, y en Venecia tuvo gran acogida. Su fama crecía y a finales de 1813 debutó en el Teatro de la Scala de Milán con *Aureliano en Palmira*, ópera que fue recibida con frialdad por el público milanés. Pero poco después las óperas de Rossini, en las que alternaba lo serio con lo cómico, conquistaron el público de los principales teatros italianos y de Europa.

Rossini en París fue director del *Théatre des Italiens*. Su última ópera, *Guillermo Tell*, fue escrita en 1829. Después de esta fecha, Rossini se alejó del teatro. Volvió a Bolonia y fue director del Liceo Musical. Finalmente volvió a París y allí permaneció hasta su muerte en 1868.

Tenía Rossini tendencia a la mordacidad, sus palabras equívocas desconcertaban a sus contertulios y siempre trataba desconsideradamente a los que se creían músicos importantes. Valga un ejemplo: Un sobrino del compositor alemán Jacob Meyerbeer, quien acababa de fallecer, quiso expresar su dolor por medio de una marcha fúnebre, la mostró a Rossini y éste le dio enseguida su opinión al sobrino: "¿Pero no hubiera sido mejor que su tío hubiera compuesto la marcha y usted hubiera muerto?" Hay que anotar que Rossini compuso en esa oportunidad un canto fúnebre en honor al maestro alemán.

Con el paso de los años Rossini cambió su ánimo festivo por el aislamiento y la depresión. Recordaba entonces con frecuencia los ataques que había sufrido en Bolonia, su ciudad favorita, en tiempos de las guerras napoleónicas. Los autores de la afrenta fueron simples ciudadanos que se aprestaban a combatir a los austriacos. Los revoltosos opinaban que Rossini no había contribuido generosamente a los recaudos para defender la ciudad.

El compositor mantuvo relaciones amistosas con Wagner, pero llenas de recelo y frases irónicas. A la larga las relaciones entre los dos músicos se tornaron amables e intercambiaron elogios entre sí. Pero repetía Rossini que las escenas de *coitus interruptus* de Wagner eran inaceptables.

De Giuseppe Verdi reconocía que era un destacado compositor, pero decía que al italiano le encantaba llevar a escena los baños de sangre de la guerra.

Su salud se fue deteriorando y a medida que sus males avanzaban trataba de limitar su contacto con amigos y admiradores. En una ocasión llegó a su residencia uno de ellos y el compositor, furioso, lo arrojó a la calle con estas palabras: ¨ ¡Al diablo con mi celebridad! ¡A la calle! ¡Adiós!¨

Irritable, inconforme, estaba desconsolado porque sus fuerzas decaían. En 1854 manifestó al doctor Mordani que sufría de insomnio, que tenía dolores terribles y que sus médicos querían administrarle opio, cosa que el rechazaba porque creía que eso era peor que la propia enfermedad.

Fue un final degradante, sobreviviente a penosísimas intervenciones quirúrgicas practicadas por Nelaton, profesor de urología de la Universidad de París. Murió en esa capital en 1868.

Franz Schubert (1797- 1828)

Este compositor austriaco nació en Lichtenthal al lado Viena. Recibió sus primeras lecciones de violín y piano en el ambiente familiar y luego continuó los estudios de canto y órgano en la iglesia de su parroquia. También en el colegio municipal, Stadtkonvikt. Allí fue alumno de Salieri, y cuando abandonó esta instituci6n en 1813, obtuvo un puesto menor como maestro de escuela, lo que le permitió dedicarse casi exclusivamente a la composición. Su producción fue extensa: sinfonías, cuartetos, quintetos, sonatas, aproximadamente seiscientos *lieder*, siete misas y gran cantidad de música coral e instrumental.

Schubert no fue agresivo, pero sí víctima de intrigas que le impidieron labrarse una posición económica decente.

En una ocasión envió a Goethe su canción *Erlkonig*. El gran pensador no puso atención a la obra de ¨ese desconocido¨. Tiempo después la destacada cantante Schroeder-Devrient cantó en público la obra firmada por Franz Schubert. En Dresde vivía un compositor que llevaba el mismo nombre y trató de entablar demanda contra el gran músico vienés. ¡Solicitaba reparación económica!

Nunca obtuvo un cargo oficial importante que aliviara su situación. Cuando Salieri murió (mayo de 1823), Schubert pretendió sucederlo, pero el cargo se le dio a Eybler. El mismo Eybler se opuso a su nombramiento como asistente.

También aspiró Schubert a la dirección de la orquesta del *Karnertor*, pero la cantante Nanette Schemer saboteó sus aspiraciones.

Lo relatado nos informa sobre las rivalidades e intrigas que protagonizaban ilustres músicos de la época.

Cuando murió Schubert en Viena en 1828, fue sepultado (a instancias de sus amigos), junto a Beethoven.

Hector Berlioz (1803-1869)

Figura prominente en la historia de la música francesa, era oriundo de Cote Saint-André.

Comenzó estudios de medicina que abandonó por la música, siguiendo su nativa inclinación. Fue compositor y director de orquesta, además de investigador, polemista y fervoroso animador del movimiento romántico. Se ha dicho que su singular personalidad fue valorada tardíamente, ya que sufrió la incomprensión de sus contemporáneos. Gran enamorado, no fue feliz en su matrimonio.

Sostuvo una larga confrontación con Luigi Cherubini, director del Conservatorio de París. Berlioz, aún estudiante de dicha institución, se rebelaba contra disposiciones del director. Siempre creyó que Cherubini estaba dispuesto a vengarse y por eso se sentó al lado del director de orquesta Habeneck cuando se ejecutaba su *Requiem* por primera vez. Quería evitar un sabotaje.

En el estreno de *Alí Babá*, de Cherubini, Berlioz iba por la platea gritando desaforado: ¨Cincuenta francos por una idea¨. Quería demostrar que la obra carecía de todo valor.

Después de varios intentos logró el Premio de Roma, instaurado para que jóvenes talentos completaran su formación musical.

Con sus colegas tuvo discusiones y problemas. Cuando su primera *Misa* fue ejecutada en la iglesia de San Roque en diciembre de 1823, mostró claramente su decepción a los ejecutantes.

Lo mismo sucedió con la cantata *Sardanápalo* (1830). Malhumorado, Berlioz arrojó las partituras a la cara de los músicos. Mostró descontento por la ejecución de *Benvenuto Cellini*, pero tuvo satisfacción por el éxito de la sinfonía dramática *Romeo y Julieta*, alabada por Wagner.

Otra de las decepciones que sufrió Berlioz fue cuando Paganini, como benefactor, le pidió una obra para viola que sería estrenada en París (*Harold en Italia*). Pero la obra no satisfizo al violinista italiano, quien no asistió a su ejecución, aunque tiempo después cambió de parecer.[11]

El dibujante Legouvé captó en una caricatura el espíritu del Romanticismo Musical. El artista había visto por primera vez a Berlioz en el Teatro Italiano (París 1833). Así describió la apariencia del joven compositor: "En medio de un tumulto veo a mi lado a un joven tembloroso de la cólera, con las manos crispadas ¡y qué cabellera! No, era un inmenso paraguas de cabellos que parecía caer sobre una cara de ave de rapiña".

Strauss de Austria y Alemania

Johann Strauss I (Padre) (1804 - 1849)

Inició Johann Strauss una dinastía de músicos austriacos dedicados a la opereta y a la música de baile. Nació en Viena el 14 de marzo de 1804, hijo de Franz y Bárbara, propietarios de una taberna con hospedaje. Johann fue huérfano de madre a los siete

---

11 BERLIOZ, H. (1969). *Memoirs*. Nueva York: KNOPF.

años de edad. La madrastra contrataba músicos ocasionalmente para animar el establecimiento. Este fue el primer contacto de Johann con la música. Cuando recibió un violín como regalo, el niño robaba tiempo a las tareas escolares para avanzar en el dominio del instrumento.

A los trece años Johann era aprendiz de encuadernador de libros. A escondidas practicaba el violín, a los catorce lo ejecutaba en forma aceptable, a los quince hacia parte de la orquesta de Pamer, un músico excitable, neurótico, que increpaba constantemente a sus ejecutantes.

El vals se iba imponiendo mientras las tropas francesas fraternizaban con los vieneses en cafés, tabernas y conciertos.

Pronto Johann Strauss fue llamado a la orquesta de Joseph Franz Lanner y era el más joven del grupo. Su primer vals fue firmado indebidamente por Lanner. Se convirtieron en rivales, se enfrentaron en público, se fueron a las manos. Poco después Strauss compuso el vals *Reconciliación*; Lanner otro que tituló *Separación*. Y cada uno siguió por un camino diferente.[12]

Una admiradora de la música de Strauss, Anna Streim, se convirtió en su esposa. En 1825, nació el primogénito de esta pareja, y se le puso el nombre de Johann, el de su padre. (Johann II llegaría a ser un gran compositor, conocido especialmente por sus valses, como *Danubio azul*). Ya Johann I era director y dueño de una orquesta de renombre. Tanto que tenía que contratar músicos supernumerarios para poder cumplir con sus compromisos.

A los veintitrés años J. Strauss I fue contratado por el *Salón Sperl*, el más importante de Viena. Para los vieneses el baile era una necesidad vital. Al llegar la noche se olvidaban de la guerra y de la debacle económica. Johann se mantenía, por tanto, ocupado día y noche. Componía música, ensayaba nuevas piezas, atendía

---

12 FANTEL, H. (1971). *The Weltz Kings, Johann Strauss and son*. New York: Morrow and Co.

asuntos administrativos, y de noche divertía a los vieneses. En este periodo de su vida apareció Emilie Trampusch, y se enamoraron. Cuando llegó al mundo un niño, Emilie se empeñó en que se llamara Johann también, lo que precipitó el final del matrimonio del gran compositor.

Para cubrir sus gastos, ahora doblados, acudió Strauss a las giras de la orquesta: Berlín, Leipzig, Praga, Dresde. Había incorporado la polka a su repertorio. No obstante, en algunas capitales el vals seguía considerándose pecaminoso y peligroso para la salud.

Triunfó Johann Strauss I en París, actuó allí para el rey Luis Felipe y la futura reina Victoria de Inglaterra. Invitado a Londres, se bailó en el Palacio de Buckingham y los ingleses hicieron a un lado la idea de que el vals era dañino y maléfico.

El regreso fue penoso. Enfermaron varios músicos de su orquesta, Strauss mostraba signos de agotamiento y tuvo que ser atendido por varios facultativos. Cuando llegó a Viena fue recibido en la casa de su esposa Anna Streim, quien se dedicó a cuidarlo. Cuando se restableció regresó a su hogar sustituto, el de Emilie.

Johann Strauss I murió en Viena en 1849. La tradición del vals vienés la continuaron sus hijos Johann, Joseph y Eduard.

Johann Strauss II (1825 - 1899)
Sus hermanos Joseph y Eduard

Johann Strauss II es el más famoso de la dinastía Strauss. Sus obras gozan de mayor popularidad que las de su padre y demás músicos de esta familia. Se conoce especialmente por sus valses, como *Danubio azul, Sangre vienesa, Voces de primavera*, etc. Dejó cerca de 200.

Compuso, además, marchas, polkas, operetas.

Johann Strauss I no quería que su hijo se convirtiera en músico. Deseaba para él la profesión de banquero u otra que le asegurara bienestar y seguridad económica. En cierta ocasión encontró al jovencito practicando el violín y lo increpó severamente. La madre tuvo que armarse de valor para poner fin al castigo desmesurado, y siguió apoyándolo en sus inclinaciones musicales.

A los seis años Johann Strauss II ha escrito treinta y seis compases para su vals *Primeros pensamientos*. Estudiaba asiduamente con el profesor Kohlman y con Drechsler, profesor de teoría musical.

A los diez y nueve años anunció al público su debut en el famoso café *Dommayer*, situado en la zona de Hietzing. El padre expresaba enojo pero finalmente tuvo que aceptar el triunfo inmediato de su hijo. La prensa comentó que superaba a su progenitor, afirmación que este nunca aceptó. Las gentes usaban el plural para referirse a ellos: "Los reyes del vals".

Eran tantos los que le solicitaban, que Johann II tuvo que pedir ayuda a sus dos hermanos.

Joseph, ingeniero inventor, remplazaba ocasionalmente a su hermano y más tarde se reveló como compositor de valía. La famosa *Polka Pizzicato* fue firmada por Johann y Joseph. Éste murió joven a causa de un accidente: dirigía la orquesta en Varsovia y cayó del podio. El otro hermano, Eduard, músico capaz, envidiaba a Johann y cuando éste falleció quemó muchas de sus obras inéditas en un afán destructivo nacido de sus frustraciones.

Tres matrimonios contrajo Johann Strauss II. Cuando tenía treinta y siete años, ya muy famoso, conoció a Henriette Chalupetzki, una soprano retirada que convivía con Moritz Tedesco, un acomodado ciudadano. Como el amante era judío no podía casarse con una católica aunque lo hubiera deseado. La pareja levantaba dos hijas, además de otros cinco hijos habidos en otras uniones de Henriette. Johann y ella contrajeron matrimonio y fueron felices. Ella contribuyó a la estabilidad emocional del compositor y le ayudó a la representación de sus obras escénicas, entre ellas *Indigo* y *El carnaval de Roma*. La esposa falleció en 1878.

Lili Ditrich, de veinte años de edad, llegó a Viena para estudiar canto. Era una bella rubia. Strauss era viudo hacia seis meses y decidió casarse con Lili inmediatamente (septiembre de 1878). La unión fue desafortunada desde sus días iniciales, debido a la coquetería de la desposada. Lili se marchó con Steiner, un amigo de la casa.

El tercer matrimonio unió a Strauss a una viuda. Para hacerlo debió abandonar la religión católica. Esta Adele Strauss llevaba el apellido de su difunto marido, pero él no era familiar del compositor. Adele se convirtió en compañera inseparable de Johann. Vivió treinta años más que él y nunca descansó en la labor de divulgación de su obra. Los vieneses, tan dados al humor, llamaban a esta mujer la *Cosima en tres por cuatro*, aludiendo a la medida del vals. Su labor se comparaba así con la que desarrolló Cosima, la esposa de Richard Wagner, en los años siguientes a la muerte del gran compositor alemán.

La fama de los valses de Johann Strauss II opacó otras facetas de su vida. Los críticos no fueron benévolos cuando se referían a él. Se le acusaba de repeticiones, de plagiar a su hermano José y de ser egoísta con sus colegas. Llegaron a decir que sus copistas eran los que completaban e instrumentaban sus obras.

Trabajaba Strauss incansablemente. Era organizador, compositor y director de la orquesta. En su casa se encontraban lápices y papel en todos los rincones para apuntar las ideas que iban surgiendo en su mente.

Johann Strauss hijo era algo ingenuo, creía ciegamente en sus amigos y en la buena fe de todos. En sus momentos más exitosos se le veía deprimido e introvertido. Sufría de neuralgia y tenía un horror patológico a la enfermedad y a la muerte. Era notable su miedo a las corrientes de aire, a las montañas, a los viajes, a los túneles. El historial clínico del compositor es rico: gota, ictericia, desvanecimientos, neuralgias y periodos depresivos.

Johann Strauss II murió de neumonía en Viena, el 3 de junio de 1899, a los 74 años.

Franz Strauss (1822-1905)

La presencia del músico alemán Franz Strauss en esta sección se debe a su habilidad en la ejecución de la trompa, su temperamento agresivo y a su condición de padre de **Richard Strauss,** uno de los compositores de más renombre de la primera mitad del siglo XX.

Nació Franz Strauss en Parkstein, Baviera. Fue un músico de la vieja escuela, desprovisto de todo refinamiento. Según su biógrafo, su comportamiento lo hacía un irascible avinagrado, inflexible en sus opiniones.

Su relación con Johann Urban Strauss, su padre, era afectuosa pero distante. Franz era discutidor y se erigía en vocero de los miembros de la orquesta cuando surgían desavenencias con los directivos. Ejecutaba muy bien la trompa y por eso eran toleradas sus impertinencias.

Contrajo matrimonio con una elegante muchacha de la familia Pshorr, cerveceros prósperos. La futura madre de Richard Strauss sufría de depresión y era de maneras suaves y amables. Por el contrario, Richard Strauss recordaba a su padre como "irritable, colérico y tiránico".

Franz Strauss confesaba su animadversión por la música de Wagner y su desagrado por su persona y su conducta. Wagner estuvo a punto de despedir a Franz de la orquesta de Munich, pero primaron las cualidades reconocidas del ejecutante.

Franz Strauss murió en Munich, a la edad de 83 años.

Frédéric Chopin (1810-1849)

Este compositor y pianista polaco nació en 1810 y falleció en París en 1849. A los dieciocho años ya había entregado al público polonesas, nocturnos, sonatas, rondós y *Krakoviak*. Conocidos estos datos, sorprende que fuera subestimado por los funcionarios de su país.

Comenzaba el año de 1829. El padre de Chopin dirigió una carta al Ministro de Instrucción Pública en demanda de ayuda económica para completar sus estudios musicales en Alemania, Italia y Francia. El funcionario Grabowski propuso que se le asignaran cinco mil *zlotys* anuales, pero el alto gobierno rechazó la propuesta alegando que "los fondos públicos no se podían disipar en apoyo a semejantes artistas".

Luego de la primera ejecución del concierto en fa, el compositor le comunicaba por escrito a su amigo Tito: "No produjo la impresión que yo esperaba". Cuando se estrenó el segundo concierto, con el compositor al piano, las cosas salieron mejor... pero la prensa de la capital casi no lo comentó. Esto no preocupó al joven artista ya que toda su atención estaba concentrada en su viaje a París, donde se estableció.

De paso por Viena quiso ganarse la admiración de sus moradores. Sus conciertos no fueron tan alabados como él esperaba. Creyó que le envidiaban. La mala opinión sobre los vieneses de la época la comunicó a su profesor Elsner. Le decía en una misiva que ahora sólo gustaban los valses de Lanner y Strauss, las danzas y cuadrillas.

Las relaciones entre Chopin y George Sand han sido tema recurrente en la literatura.

Un compositor excepcional y pianista enfermizo e introvertido y una escritora de éxito -mujer de mundo, divorciada y dispuesta a disfrutar de la vida- juntaron sus existencias. Esta unión fue marcada por muchas desavenencias y contratiempos. Pero siempre existió la admiración del músico por la escritora y el afecto de esta por el compositor.

La enfermedad de Chopin ponía dificultades al idilio. Ella aceptó consejos de amigos y organizó un viaje a Mallorca, en busca de un clima benigno para los achaques respiratorios del pianista. Viaje fatal, lleno de imprevistos. Lo mejor de ese viaje fue el retorno.

Estaban ya en 1841 y Chopin no se presentaba en público desde 1838. Amigos de la pareja propusieron un recital en la Sala Pleyel. El ejecutante estaba excitado por su reaparición y se encerraba largas horas ejecutando al piano fugas de J.S. Bach para calmar los nervios. La Sand, siempre ocurrente, escribió a una amiga: "Le he dicho que ofrezca un concierto sin iluminación, sin espectadores y que toque un piano mudo".

El 26 de abril fue la fecha fijada y asistieron más de trescientas personas, entre ellas Berlioz, Liszt, Heine, Farnchomme y gente de tal categoría, además de elementos del exilio polaco. El público expresó su complacencia y la prensa fue elogiosa. En la *France Musical* se dijo que Chopin era incomparable y en *Le Menestrel* que "corazón y genialidad se daban la mano". Liszt lo alabó públicamente y Heine dijo que había escuchado al "Rafael del piano".

En el verano que siguió al concierto encontramos a la pareja y a los hijos de ella en Nohant, su residencia campestre. El pianista se veía nervioso y pesimista. La armonía de la pareja llegaba a su fin y el pianista amenazaba con devolverse solo a París. Cuando lo hizo, el artista mostraba mejor ánimo. Inició sus lecciones a un nuevo alumno de doce años de edad, Karl Fisch, un niño prodigio. Chopin fue invitado a tocar para la familia real y un nuevo concierto le fue propuesto. Y el éxito se repitió.

Regresó la pareja a Nohant, pero decidieron llamar al doctor Papet porque el enfermo mostraba signos de abatimiento.

A fines de 1843 Chopin se fue a París en compañía de Maurice, hijo de la Sand, y la escritora recomendó a sus amistades que cuidaran al enfermo, ahora en manos de un homeópata, el doctor Molin.

En este periodo de las relaciones la Sand lo elogiaba, pero afirmaba que su temperamento era difícil, su imaginación desbordada y delirante, su irritabilidad frecuente. Lo que Zamoyski nos manifiesta sobre el perfeccionismo neurótico tiene mucho de cierto: Las ideas musicales afluían a la mente de Chopin con la mayor facilidad, pero al llevarlas al pentagrama siempre quedaba insatisfecho y borraba y volvía al mismo renglón una y otra vez.[13]

---

13 ZAMOYSKI, A. (1980) *Chopin*. Nueva York: Doubleday.

Tad Szulk nos dice que "Chopin podía ser alternativamente deferente o muy desconsiderado con la gente, arrogante o humilde, o profundamente receloso o confiado, explosivamente irritable. Era un perfeccionista, inclusive pedante a veces".[14]

A pesar de sus suaves maneras estallaba su ira cuando un alumno ejecutaba una obra bruscamente o en forma diferente a la enseñada por él. Eran "lecciones tormentosas", como las llamaban sus allegados.

Una de las alumnas de Chopin, la señorita Rozengardt, decía que su profesor cambiaba muy frecuentemente de actitud: Unas veces frio y distante, otras veces encantador, y en ocasiones enfurecido. En una ocasión la alumna llegó tarde a su clase y el maestro la recibió con gritos y golpeaba el piso con sus tacones "como un niño malcriado". Ella había olvidado su libro de *Nocturnos* y trató de ejecutar de memoria el que tenía que aprender, pero el maestro le dijo que no tenía tiempo que perder. Cuando la alumna rompió en llanto el maestro se calmó y estampó una bella dedicatoria en un libro que le regaló. La alumna escribió a sus hermanos que "no podía imaginarse que una persona pueda ser tan fría y tan indiferente... hay una combinación extraña en su carácter vano y orgulloso, amante del lujo, cortés en exceso, pero hay mucho escondido dentro de él. Está dotado de inteligencia y sentido común, pero tiene a menudo momentos y actitudes tan rudas y desagradables cuando está encolerizado, cuando destroza muebles y patea el piso".

Richard Wagner (1813-1883)

Compositor alemán. Nació en Leipzig en 1813, en un sector de la ciudad donde habitaban muchas familias judías, la calle Bruhl. Falleció en Venecia en 1893.

El padre de Wagner, Karl F. Wagner, era funcionario de la policía, aunque se cree que su padre biológico era realmente Ludwig

---

14 SZULK, T . (1964) *Chopin in Paris*. Nueva York: Ed.Scriber.

Geyer, de quien se ha dicho que era judío. Geyer era un actor secundario muy dado a la literatura y a la pintura.

Cuando murió su padre legal, Richard apenas tenía seis meses de edad. Pronto su madre contrajo matrimonio con Ludwig Geyer, a raíz de lo cual nació la sospecha sobre la paternidad del futuro gran compositor. Cuando Wagner contaba ocho años, murió Geyer. La familia entonces se estableció en Dresde.

En su infancia había escuchado Richard la ópera *El cazador furtivo*, de Weber, y le pareció maravillosa. A los quince años se deleitó con la *Novena Sinfonía de Beethoven*, que le impactó. Repetía que después de esta sinfonía había que encontrar otra forma musical, y consideraba que el renano era insuperable.

A los catorce años su intuición musical y su afición a la lectura de clásicos griegos, así como de obras de Shakespeare, lo indujeron a la composición de pequeños dramas musicales. Cuando escuchó a la soprano Wilhelmine Schröder-Devrient nació en el futuro compositor la idea de la fusión de drama y música. Y así el adolescente tomó en serio sus clases de armonía, (1829) y repasaba cuidadosamente la partitura de la *Novena Sinfonía de Beethoven*.

En 1831, ya con dieciocho años, ingresó a la Universidad de Leipzig, y dejó allí fama de hablador, polémico y dogmático. En cambio, ponía toda su atención a las clases con Weinlig, cantor de la escuela de Santo Tomás. Pronto el profesor y el alumno estaban distanciados.

Compuso una sonata para piano y una sinfonía, y dio comienzo a una ópera que nunca terminó. (*La Boda*). Le siguió la ópera *Las Hadas* que en vida de su autor nunca fue representada. Pero ya Wagner se había hecho notar por sus escritos agresivos. En ellos alababa la ópera francesa e insistía en la poca calidad de la alemana. Por supuesto, era denostado por sus compatriotas y comenzó a ser conocido por sus deudas, discusiones acaloradas y conflictos amorosos.

Compuso *La prohibición de amar* (*liebesverbot*), basada en una obra de Shakespeare.

A fines de ese año (1831) fue nombrado Director Musical de la Ópera de Magdeburgo, estrenó la opera que acababa de componer y comenzó a ser conocido por melómanos y críticos de prensa.

Poco tiempo permaneció en Leipzig, donde dejó muchos enemigos por su agresividad y su imprudencia, así como por las deudas no canceladas.

Contrajo matrimonio en Koenigsberg con la cantante Minna Planer en 1836. En esta ciudad fue llamado por un teatro que estaba ya al borde de la bancarrota. Debido a su mala situación económica, al poco tiempo se marchó Wagner a Dresde. La salvación de esta difícil etapa le llegó de Riga y su Teatro. Sin embargo, allí muy pronto estaba enfrentado con el director de la Ópera. También surgieron enemigos, acreedores amenazantes, y fue despedido súbitamente.

Viajó entonces a Francia por la vía marítima. Y de este periplo surgió la idea de la ópera *El holandés errante*.

Corría el año de 1839, llegó a París y fue acogido por Meyerbeer y, gracias a él, se puso en relación con las gentes del medio teatral. Desde el punto de vista económico las cosas marchaban mal y tuvo que vender sus pertenencias. Dio fin a su obra *Rienzi*, aceptada por la Ópera de Dresde, en parte debido a gestiones de Meyerbeer. El compositor consiguió un préstamo que le permitió emprender el viaje a la ciudad sajona.

Establecido de nuevo en Dresde, como director de la orquesta del Teatro Real, obtuvo un brillante éxito con el estreno de *Rienzi* (20 de octubre de 1842). El teatro programó la presentación de *El holandés errante* (1843) que fue un rotundo fracaso: la obra solamente fue representada cuatro veces. En compensación fue nombrado Segundo Maestro de Capilla... Y como era ya habitual, los gastos excedían a la remuneración. Adquirió nuevas deudas y además los acreedores de otras ciudades corrieron a Dresde en busca de dinero.

En el desempeño de su trabajo en la Ópera tuvo desavenencias con los miembros de la orquesta, una de ellas por las modificaciones que hizo a las partituras de *Don Giovanni*. Hasta el público protestó y Wagner debió ceder en sus pretensiones.

En su cerebro ya germinaba *Tannhauser*, ópera que fue estrenada en 1845. Al principio la obra fue recibida con recelo, hasta se llegó a decir que se trataba de una obra pornográfica. Pero ya Wagner dedicaba su atención a *Lohengrin*, y las deudas lo asediaban.

Avanzaba el año de 1848 y se expandía la ola revolucionaria que inflamaba al pueblo francés. Wagner comenzó a interesarse por la política y se mostró enemigo de las monarquías. Pronunció discursos y escribió panfletos. Las demostraciones públicas de Dresde fueron controladas por las autoridades (1849). Wagner era requerido por los agentes del régimen y corrió a Weimar buscando la protección de Liszt, quien hizo estrenar *Lohengrin* en 1850, con un éxito poco duradero. (El compositor no se atrevió a asistir a las representaciones).

En esos tiempos azarosos se estableció durante algún tiempo en Zúrich y se dedicó a la literatura, a estudios teóricos y estéticos, resultado de lo cual sus más importantes publicaciones son *Arte y revolución*, (1849) y *Ópera y drama* (1851). Leyó con pasión libros sobre la mitología germánica y en 1850 escribió *Los judíos en la música*. Otros de sus escritos versaban sobre mitologías griega y germánica. En sus obras musicales siguientes introdujo cambios fundamentales en la Ópera, y adoptó progresos antes logrados por Weber, Berlioz y Meyerbeer.

Durante su permanencia en Zurich sus obras iban siendo representadas en importantes ciudades europeas. Siempre suscitaban controversias y encuentros verbales entre el público y la prensa. Mientras Liszt elogiaba públicamente el ¨wagnerismo¨, el crítico musical y compositor belga Francois-Joseph Fétis en Francia descalificaba toda la obra wagneriana. En tanto, en Inglaterra el también critico Henry F. Chorley se burlaba del compositor alemán. Para él, *Rienzi* era ¨puro ruido¨.

Mientras estuvo Wagner en Suiza pidió dinero prestado a sus amigos y a algunas admiradoras de su música. Jessie Laussot, una de ellas, estuvo a punto de abandonar a su esposo, acomodado comerciante en vinos, para fugarse con el compositor. El marido traicionado lo había hospedado en su residencia cuando supo que se encontraba en dificultades.

Fueron engendradas en Suiza las obras fundamentales de Wagner. Inició en 1852 la enorme tarea que le implicó *El anillo de los Nibelungos*. *El oro del Rin* fue escrita en 1854, después *La Valquiria*. En esos años surgió su célebre romance con Mathilde Wesendonck, esposa de un rico mecenas de los artistas. Esta relación fue provechosa para el compositor. Se afirma que Mathilde inspiró gran parte de la música de *Tristán e Isolda*, ópera que terminó Wagner en 1859.

Viajó el compositor a la capital francesa con el ánimo de estrenar allí *Tristán e Isolda*. Ya Minna, su esposa, le había perdonado sus últimas aventuras. El viaje a París pudo realizarlo gracias a una buena suma donada por el mecenas Wesendonck.

En París vivió Wagner unos tres años, rodeado de lujos. Cuando *Tannhauser* fue representada en 1861, hubo escándalo, boicot organizado por los miembros del Jockey Club, opiniones dispares en la prensa.

Cuando preparaba la presentación de *Los Maestros Cantores*, recibió dineros de un editor como adelanto a la impresión de las partituras. Finalmente el compositor se enredó con los acreedores y discutió con los agentes teatrales, lo que era ya frecuente. Tuvo que salir de París, viajó a Alemania, luego a Suiza y, al fin, a Viena. Su esposa Minna lo abandonó definitivamente, y él sostenía que ella derrochaba el dinero. (1862). Después de una corta permanencia en Rusia, como director de orquesta (1863) huyó por las mismas razones económicas y se fue a Suiza (1864) donde fue amenazado de prisión por deudas. Luis II, rey de Baviera, le solucionó los problemas. El rey se mostró generoso, "enamorado de la música de Wagner", posiblemente de Wagner también.[15]

El Soberano (algunos súbditos lo llamaban "El rey loco"), le proporcionó todo lo que el compositor necesitaba para realizar sus ambiciosos proyectos. Fue llamado Karl von Bulow, compositor, pianista y director de orquesta alemán, a quien encargaron de la música de la corte. Era el esposo de Cosima Liszt, hija del gran compositor y pianista Franz Liszt. El romance con Wagner no se hizo esperar. De esta unión nació una niña, Isolda y von Bulow la aceptó como suya.

La función inicial de *Tristán e Isolda* se efectuó el 10 de junio de 1865 y se repitió varias veces. Poco después Wagner tuvo que irse a Ginebra, debido a los comentarios insistentes sobre su romance con la esposa de von Bulow.

La esposa de Wagner, Minna, expiró en 1866.

Cosima se fue a Ginebra y llegó otra hija a la que bautizaron con el nombre de Eva. Llevaban un tren de vida espléndido en Suiza.

Cosima decidió viajar a Munich, donde su esposo estaba ensayando *Los maestros cantores*. El estreno fue en 1868.

En 1870 llegó el tercer hijo de Cosima y Wagner. Poco tiempo después los amantes contrajeron matrimonio.

Los anhelos de Wagner estaban a punto de lograrse. El rey Luis II prometió los dineros necesarios para la realización del primer Festival de Bayreuth con música de un solo compositor: Richard Wagner. Después de vencer obstáculos inherentes a una obra de tal magnitud, el teatro fue acondicionado para el primer Festival (1873). El teatro no estaba completamente dotado.

El verdadero estreno se efectuó en 1876 y las obras fueron dirigidas por Richter. La segunda temporada tuvo que esperar hasta 1882.

15 SCHONBERG, H. (1897). *The live of the great composers*. Nueva York: Norton, Co.

Las obras de Wagner fueron presentadas en las ciudades más importantes del mundo.

En diversos teatros de Europa se repetían sus óperas, y las representaciones llegaron a superar en número a las de Mozart y Verdi.

El éxito logrado animó a Wagner a la composición de *Parsifal*. En los momentos de descanso escribía panfletos ofensivos contra los que no cooperaron en su monumental empresa. Y también contra los judíos. La pureza racial de Alemania le obsesionaba. Llegó a escribir que Cristo no era judío sino ario. No nos puede sorprender que Hitler dijera que para comprender a la Alemania Nacionalista era preciso entender a Wagner.

El compositor dio fin a *Parsifal* en 1882 y la obra suscitó las más diversas interpretaciones, ya que en ella algunos encontraron espíritu cristiano y otros opinaron lo contrario. Uno de los biógrafos de Wagner descubrió en esta ópera "alusión a la caída y redención de los arios".En su vida Wagner no fue religioso, ni cristiano, ni pertenecía a alguna religión o secta. Su llamado pangermanismo era su obsesión.

Parsifal estaba destinada a Bayreuth. Y en el Metropolitan de Nueva York sólo se representó en 1903. Algunos dijeron que era una herejía, otros que se habían demorado mucho en traer la obra a América.

Caso curioso: La primera representación de *Parsifal* en Bayreuth ¡fue dirigida por un judío, Hermann Levi! Wagner intentó repetidas veces que el director se convirtiera al cristianismo.

Agotado por sus luchas y obsesiones, así como por su ardua labor, se fue Wagner a Venecia en busca de descanso. Falleció allí el 13 de febrero de 1883. Sus restos fueron inhumados en Bayreuth mientras la orquesta ejecutaba la Marcha Fúnebre de *El ocaso de los dioses*.

Según varios musicólogos, la música de Wagner influyó en la obra de Mahler, R. Strauss, Dvorak, Schoenberg y A. Berg. Otros sostienen que también sobre algunas obras de Debussy.

Si las primeras representaciones de las creaciones wagnerianas originaron diferentes opiniones, ha sucedido lo mismo con algunas obras de Wagner ya en el siglo XXI. Un solo ejemplo damos, gracias a la brevedad: En mayo de 2013 la Ópera de Dusseldorf tuvo que suspender las representaciones de *Tannhauser* ¡porque se introdujeron en el libreto homicidios en cámaras de gas! Según el director de la Ópera, B. Kosminski, el *Venusberg, la Montaña de Venus*, era el sitio escogido por los nazis para sus crímenes.

Como lo escribe W.G. Fernández, "Las óperas de Wagner duran, casi todas, tres y cuatro horas, pocos entreactos. El compositor provoca la alteración de nuestra percepción del tiempo. La indefinida postergación de la resolución lleva a la pura tensión entre los opuestos: sensualidad y ascetismo, fidelidad y traición, sueño y vigilia, realidad y apariencia, revolución y restauración..."[16]

Cuando se ha pretendido encasillar las actitudes políticas de nuestro personaje de turno, afloran las paradojas. Su obsesión nacionalista contra la pretensión a la universalidad, por ejemplo. Se ha hablado del compositor como un revolucionario conservador. Se le han endilgado clasificaciones opuestas que resultan incomprensibles (Socialismo feudal, protofascista, por ejemplo).

Wagner nació hace dos siglos y todavía se habla de él con respeto o con rechazo, las discusiones sobre su persona son interminables y constantemente se cambia la interpretación de sus obras, lo que es causado por la ambigüedad de su explotación de los temas y por la indefinición de su propia personalidad.

Los ataques a su vida y obra han agotado el catálogo de los denuestos. Pero nadie se ha atrevido a dudar de su capacidad de lucha, su optimismo frente a los fracasos, su recia personalidad y la obra musical innovadora.

---

16 FERNÁNDEZ, W.G. (2013). La revolución sin descanso. Buenos Aires: Clarín (Cultura).

No gustaba Wagner de Mendelssohn, ni de Schumann, ni de Berlioz. Odiaba a Joachim porque era judío, y actuaba con malignidad contra Meyerbeer, a pesar de haber recibido favores de ese colega. Brahms y Wagner se distanciaron y suspendieron relaciones. Cuando éste falleció, Brahms envió una corona de flores a su inhumación. La viuda puso la corona en un lugar inaccesible y se negó a enviar a Brahms la habitual nota de agradecimiento.[17]

El trío amoroso —Wagner-Cosima-von Bulow— tuvo repercusiones ulteriores

Mucho después ocurrieron hechos que se desprendieron del problema inicial. Demos la palabra a Slonimsky: "En 1924, medio siglo después del adulterio, Cosima fue demandada por su hija Isolda Beidler (bautizada Bulow), porque quería ser reconocida como hija de Wagner (lo que era cierto sin ninguna duda), y compartir su herencia. Después de una audiencia con recriminaciones, el juez dictaminó que no había prueba de que Cosima, a pesar de sus relaciones con Wagner, hubiera cohabitado con él entre el 12 de junio y el 12 de octubre de 1884, cuando Isolda debió ser concebida. Exámenes frenológicos y sanguíneos que hubieran probado que lsolda y Siegfried, el hijo de Wagner, compartían los mismos rasgos familiares, no fueron admitidos; el testimonio de un vecino de que Bulow había sorprendido a los adúlteros, fue desdeñado. Cosima, en vez de reconocer el viejo pecado, ahora que estaba en edad avanzada, mantuvo orgullosamente la inviolabilidad del secreto y puso fuera de su vida a la favorita de sus hijos."[18]

Giuseppe Verdi (1813-1901)

Hoy reconocemos el talento, la laboriosidad y los innumerables aciertos de Giuseppe Verdi, nacido en 1813 en Parma, ciudad bajo el dominio francés en aquel momento.

---

17 LEBRECHT, N. (1995) *The Maestro Myth.* Nueva York: Cita del Press, N.Y.

18 SLONIMSKY, N (1987). *Lexicon of musical invective.* Seattle: University of Washington Press.

Comenzó este compositor sus primeros estudios musicales a los ocho años y llegó a ser uno de los grandes renovadores de la ópera italiana del siglo XIX. En 1823 para completar su educación musical viajó a Busseto, donde fue alumno de Ferdinando Provesi. Al no ser admitido en el Conservatorio de Milán por haber superado la edad tope para el ingreso, Verdi —gracias a una beca— perfeccionó su cultura musical en privado.

En 1836 viajó de nuevo a Busseto para hacerse cargo de un puesto musical en el Ayuntamiento. Allí se hizo apreciar como director de banda, compositor y pianista. Ese mismo año contrajo matrimonio con Margherita Barerzzi, quien falleció en 1840.

Cuando era ya célebre, apenas salido de la adolescencia, tuvo que defenderse de enemigos (editores, cantantes, periodistas, empresarios). Las relaciones de Verdi con la Casa Editora Ricordi fueron difíciles en aquellos primeros años.

En Florencia se enfrentó a Alessandro Lanari, empresario teatral. En Inglaterra tuvo conflictos también con empresarios y en Francia discutió acremente con León Escudier, editor. Tuvo que demandar a Toribio Calzado, empresario del Teatro Italiano de París, porque llevó a escena *Il Trovatore* sin su permiso y sin reconocerle parte de sus ganancias. Ante los tribunales galos el compositor salió derrotado.

En ocasiones debió defenderse agresivamente de supuestos amigos: Filippo Filippi, crítico musical, se había mostrado amigo de los wagnerianos en sus artículos de prensa. Pero, cuando se iba a estrenar *Aida* en El Cairo, Filippi quiso entrevistar al compositor, y le sugirió que el espectáculo necesitaba más propaganda. Verdi le contestó que el arte no era comercio ni una partida de caza, y que ese tipo de propaganda era nociva. Finalizaba así la respuesta del compositor: "... Periodistas, artistas, miembros del coro, directores de orquesta, músicos, etc., etc., todos quieren contribuir a la trivialidad que no añade nada a la obra... Esto es deplorable, profundamente deplorable".[19]

---

19 WEAVER, W. (1979) *The Verdi Companion*. Nueva York: Norton, Co.

La rivalidad entre Rossini y Verdi era evidente, pero disimulada. Mutuamente se reconocían sus méritos, aunque no faltaban resquemores ni comentarios adversos.

De los colaboradores en sus óperas Verdi se quejaba y llegó a enfrentarse seriamente con algunos de ellos.

Temístocles Solera colaboró eficazmente en *Un giorno di regno* y en *Juana de Arco*.

Pero la vida desordenada del libretista lo hacía incumplir las fechas acordadas y Verdi prescindió de su ayuda. Solera escribió una carta insultante al compositor y este le envió mensajes desobligantes. Piave, remplazo de Solera, era hombre capacitado y apacible, pero Verdi le daba un trato desconsiderado.

Abominaba Verdi los directores de la Ópera que hablaban de "intuición" y querían que cada obra se escuchara según su interpretación. Airado escribió a uno de ellos:

"Yo deseo un solo creador, y sólo estoy contento cuando escucho simple y exactamente lo que está escrito... Y hay más que decir de los cantantes que se toman la libertad de cambiar los *tempos*... Antes teníamos que soportar la tiranía de las *prima donnas*; ahora tenemos que soportar la de los directores de orquesta".

Siempre hablaba Verdi de los defectos de la cantante alemana Sofía Cruvelli. Decía que era intratable y excéntrica, pero reconocía sus méritos artísticos...Y de Carlo Baucarde, quien se había atrevido a intercalar un inesperado *do de pecho* en una de sus arias, afirmaba que era lunático.

Giuseppina Strepponi, cantante de la Scala de Milán, amante del gerente del teatro (Bartolomeo Merelli), fue un factor importante en la iniciación de la carrera de Verdi.[20] Ella consiguió que la primera de las óperas de este compositor fuera puesta en escena (*Oberto,*

---

20 GISHFORD, A. (1972). *Gran Opera*. Nueva York: The Vikings Press.

conde de San Bonifacio). Después se representó allí *Un giorno di regno*, sin éxito, y más tarde dos obras de gran aceptación: *Nabucco* y *I Lombardi*. Las dos últimas operas del compositor también fueron representadas por primera vez en la Scala de Milan.

Fue Verdi un viudo joven que encontró en Giuseppina Strepponi una compañera leal y consejera acertada. Luego de muchas vacilaciones contrajeron matrimonio.

El 21 de enero de 1901 se encontraba Verdi en la Scala de Milán, su teatro preferido, y allí sufrió un derrame cerebral. La súbita enfermedad conmovió a los milaneses y todos, ansiosos, rogaban por su recuperación. Su agonía duró dos días. Un funeral sencillo pero emotivo y concurrido cerró la historia de este gran hombre. Pero antes de la inhumación Toscanini dirigió un concierto con su música. Caruso y Tamagno, los mejores cantantes del, momento, fueron los solistas. Cuando el ataúd fue enterrado, los asistentes entonaron el famoso coro de *Nabucco: Va Pensiero*.[21]

Anton Rubistein (1829-1894)

Nació en Ucrania. Desde su infancia supo que existían allí problemas raciales y religiosos. Comenzó sus estudios del piano con su madre, proveniente de Alemania, y pronto fue alumno del músico Villoing, amigo de la disciplina férrea y los castigos físicos. Se presentó ante el público a los nueve años de edad.

Enviado a París por su profesor, fue rechazado en el Conservatorio por su director, Luigi Cherubini. Actuó con éxito en la Sala Erard. (Tenía once años).

En Londres actuó ante la Reina Victoria, así como ante Moscheles y Mendelssohn. Finalmente consideró completa su formación pianística en Alemania en 1844.

---

21 GISHFORD, A. Op. Cit.

Al regreso a su país encontró enemigos, en especial entre los simpatizantes del grupo de Los Cinco. Fue protegido de la Gran Duquesa Yelena Pavlova y profesor del Conservatorio de Moscú. Pronto estrenó su opera *El Demonio*.

Rubinstein podía ser con sus amigos afectuoso o rudo, su carácter era variable. Se dirigió al Zar en forma inapropiada y perdió la protección de la Corte.

Cuando realizaba una larga gira por los Estados Unidos como acompañante de un violinista (216 presentaciones), dejó de dirigirle la palabra a su compañero, el famoso Wieniaski. Trataba a los periodistas con desdén e insultaba a los profesores del Conservatorio cuando era su director.

Fue elogiado por el crítico Hanslick, por el compositor Moscheles y el violinista Vieuxtemps, así como por Rachmaninov. En cambio, Clara Schumann anotó en su Diario (1857): ¨Me visitó Rubistein y me tocó algunas de sus composiciones que me interesaron. Sin embargo sentí en él una falta de gusto, que se evidencia cuando ejecuta el piano¨. Y en Viena, en 1885, se expresó así: ¨Rubistein no es un hombre feliz, pienso que él siente que no ha alcanzado el cenit de las facultades artísticas. Pobre hombre: No puedo mirarlo sin sentir hacia él la más profunda simpatía¨.

Johannes Brahms (1833-1897)

Nació en Hamburgo, hijo de un músico aficionado. Muy pequeño estudió con el profesor Marxsen, y pronto alegraba con su piano reuniones sociales. A los dieciocho años se presentó por primera vez ante un público serio. Cuando Liszt lo escuchó no emitió opinión favorable. Schumann, por el contrario, lo elogió vivamente.

En Hamburgo aspiró a la dirección de la Sociedad Filarmónica, sin éxito. Instalado en Viena obtuvo la dirección de la prestigiosa Academia de Canto.

Durante unas vacaciones en Zurich conoció al famoso cirujano y violinista Theodore Billroth y juntos ejecutaban la música del joven compositor.

Bien relacionado con personajes importantes, entablaba amistad con damas distinguidas. Cuando asomaba posibilidad de matrimonio Brahms se apartaba, tratando de conservar la relación en el puro terreno de amistad.

Era ya un solterón, definido por el crítico alemán William Ritter como un hombre "con una ternura escondida, celos tímidos y mal humor compensador".

En los últimos años de su vida Brahms fue irascible, escéptico y desconfiado. Repetía: "La experiencia y el conocimiento de los hombres conducen necesariamente a la misantropía". Sus contemporáneos lo tenían por huraño, orgulloso e irritable. Sin embargo hay pruebas de que fue generoso y nunca esperó compensación por los favores que hacía. Ante los periodistas se mostraba a la defensiva. En cierta ocasión les dijo: "No tengo nada que contar, no he frecuentado universidades, ni conservatorios, no he hecho viajes de estudio, no he cumplido ninguna misión oficial".

Brahms y Liszt se mantuvieron alejados durante mucho tiempo. En una ocasión Liszt ejecutaba su *Sonata para piano en si menor*. Brahms, que había sido invitado a esa actuación privada, se quedó dormido. Y Liszt, apenas se dio cuenta del agravio, suspendió su actuación y se retiró de la sala.

Wagner estaba aliado a Liszt y, naturalmente, se convirtió en enemigo de Brahms. En un artículo titulado "Sobre la dirección de orquesta", se expresaba en términos desobligantes sobre Brahms. Para colmo, Matilde Wesendonck había dado un poema a Brahms para que le pusiera música, y esto llenó de celos a Wagner, que había sido amante de Matilde. Liszt y Brahms se escribieron después algunas cartas que pretendían ser conciliatorias, pero nunca volvieron a tratarse amigablemente.

Cosima Wagner empeoró la situación. Decía que Brahms era falto de educación y que su música era artificial. Cuando le enviaron una copia de la Segunda Sinfonía de Brahms expresó que todo en ella eran trivialidades acompañadas por efectos orquestales y que sus trémolos parecían venir de la introducción de un vals de Strauss.

Clara Schumann, con quien Brahms sostuvo fieles relaciones de amistad, no asistió en adelante a ninguna representación de obras de Wagner. Dijo Clara que *Tannhauser* era una abominación, y Bruno Walter, director de orquesta y compositor alemán, se encargó de difundir los peores conceptos de ella sobre Wagner. Walter opinaba por escrito que Wagner había corrompido el destino no sólo de la música sino del lenguaje, y que además había viciado el sonido de la orquesta con el aumento de instrumentos de percusión. Por su parte, Hugo Wolf consideraba a Brahms un mero copista.

En 1896 fue Brahms afectado por la defunción de Clara Schumann, después compuso la *Obertura trágica*. Esta mereció un doctorado *Honoris Causa* de la Universidad de Breslau. En 1897 murió en Viena.

Georges Bizet (1838-1875)

Nació en París en 1838. Ingresó al Conservatorio de dicha ciudad en 1848. En 1857 ganó, junto con Charles Lecocq, un concurso organizado por Offenbach para poner música a la opereta *Le Docteur miracle* .Obtuvo el Premio de Roma que le permitió establecerse en Italia hasta 1860. Cuando ganó el citado galardón, solicitó a su maestro Michelle Caraffa una recomendación para el compositor italiano Saverio Mercadante, residente en Roma. Caraffa accedió a darle la recomendación, pero lo hizo en los siguientes términos: ¨Mi querido amigo Mercadante: Quiero presentarle a uno de mis alumnos, el señor Georges Bizet. Es un muchacho encantador, inteligente, de buen trato, sociable y de buenas maneras, estoy seguro que le gustará. Muy suyo, Caraffa. Posdata: Bizet no tiene ni la menor traza de talento¨.

Al regreso a Francia estaba muy nervioso por la enfermedad de su madre. Por alguna diferencia agredió físicamente a un gondolero de Venecia.

La agresividad de Bizet encuentra explicaciones en sus propias palabras. Escribió a su suegra: ˙ Usted ve a la gente como amable, buena, generosa, sincera y humana... Yo la veo a casi toda maliciosa, falsa, cruel. Usted confía en la gente. Yo sospecho de ella... Estoy a la defensiva física y moralmente. Tengo razones para ello y me conviene tomar precauciones¨.

Su estado de ánimo fue expresado por el mismo en el siguiente párrafo: ¨Si, lo sé, soy exageradamente sensitivo; siempre creo ser víctima de persecuciones que probablemente sólo existen en mi mente¨. Estas declaraciones se repetían cuando fracasaron *Djamileh* y *La Arlesiana*. Con tal mentalidad era natural que tuviera malquerientes. El que se siente perseguido pasa fácilmente a atacar al enemigo... y se convierte en perseguidor.

Los ensayos de la ópera *Carmen* estuvieron plagados de dificultades. Él exageraba las fallas de algunos músicos y del director de la Ópera Cómica.

Carmen tuvo un éxito relativo. Se representó en París en 1875, el mismo año de la muerte de Bizet. Aunque se ofreció al público durante varias semanas, el músico sabía que sus enemigos hablaban mal de la obra y lo acusaban de plagio. ¡Gounod dijo que en Carmen no había melodías! Y parte de la prensa sostuvo que era una obra indecente. Pero el público acogió favorablemente la ópera, que acabó por triunfar.

La actitud de sus atacantes aumentó la sospecha de que la muerte prematura de Bizet se debió al suicidio. Ocurrió, en 1875.

Nacionalistas vehementes

En la Republica Checa nacieron importantes músicos, hombres de orientación nacionalista en unas tierras ocupadas durante decenios por las potencias europeas predominantes.

Bedrich Smetana (1824-1884)

Este músico fue el primero que supo expresar en sus obras el espíritu y los anhelos de su patria. Nació en 1824 en Litomysl, dentro de una familia que hablaba alemán. El padre se dedicaba al negocio de la cervecería y ejecutaba el violín. El hijo fue educado en su casa y dedicó tiempo al aprendizaje del piano.

A los diecinueve años Smetana se fue a Praga para completar sus estudios musicales, y allí pudo ponerse en contacto con intelectuales y músicos de la capital. Se negó a componer una sinfonía en honor del emperador Francisco José y tuvo que marcharse a Suecia, donde fue director de orquesta desde 1856. En esta etapa de su vida enviudó y, un año más tarde, contrajo nuevo matrimonio y se empeñó en dominar la lengua checa, la que imponía el movimiento nacionalista en auge.

De vuelta a Praga (1861), tomó parte en la formación de Teatro Nacional. En su inauguración se presentó su ópera *Dalibor*. Las actividades de Smetana eran difíciles, debido a la agitación política, pero en 1866 se estrenó *La novia vendida* después de haber sido rechazada su candidatura a la dirección del Conservatorio de Praga. Entonces se le consideraba wagneriano, afirmación malintencionada. Jan Neponuk Mayr se convirtió en su enemigo desde que Smetana fue nombrado director del Teatro Provisional. Se enemistó igualmente con el poderoso Frantisek Pivota, fundador de la Escuela de Canto de Praga.

Smetana tuvo muchos enemigos debido a sus tendencias musicales. Paradójicamente, los pro germánicos lo detestaban y los checos le llamaban wagneriano.

A la aparición de su sordera se sumaron los vértigos. El doctor Zoufal le prohibió toda actividad musical, lo que le privaba de un medio de sustento. El Teatro le negó toda ayuda, y cuando le fue prestada alguna, los críticos se opusieron rotundamente. Esto empujó a Smetana a dedicarse exclusivamente a la composición desde 1874, pese a las dificultades. Su salud estaba muy deteriorada y fue quedándose completamente sordo. Pero seguía disputando con sus colegas. Así, enfermo, pudo brindar al público en 1882 la obra *Mi patria*. De esta época data también la ópera *Libuse*, muy exitosa. Murió Bedrich Smetana en un asilo para alienados en Praga, en mayo de 1884. Considerado como el creador de la musica moderna checa, tuvo entre sus alumnos a Antonin Dvorak.

Antonin Dvorak (1841-1904)

Seguidor de Smetana, nació Antonin Dvorak en Nelahozeves, pequeña población al norte de Praga. Como ejecutante de la viola estuvo nueve años bajo la dirección de Smetana en el Teatro Provisional, y en uno de sus conciertos se estrenó su Tercera Sinfonía. Fue organista de iglesia durante tres años y profesor de piano.

Se enamoró Dvorak de su alumna Josefina, pero se casó con su hermana Ana.

Sus primeras obras orquestales, que hizo circular entre maestros y críticos, despertaron gran interés. Dio a conocer su Cuarta Sinfonía y, reconocido su talento, recibió premios del Estado y llamó la atención de Brahms y del crítico Hanslick, quienes intentaron llevarlo a Viena. Esto no se avenía a las ideas nacionalistas de Dvorak. Pero sus célebres *Danzas Eslavas* se basaron, según su propia correspondencia, en los modelos seguidos por Brahms en sus *Danzas Húngaras*. Recibió más premios en 1876 y 1877. Al año siguiente se ofreció en Praga un concierto con sus obras, dirigidas por él mismo.

Con el editor Simrock tuvo Dvorak una seria disputa sobre el nombre de pila, que debía figurar en una de sus obras. El editor quería ponerle su nombre en alemán, Anton; él insistía en la versión checa, Antonin. Después de ires y venires un amigo encontró la solución: La publicación estaría firmada por Ant.Dvorak. ¡Y finalizó el estéril enfrentamiento!

También revela su temperamento una carta que escribió a su esposa desde París. Le decía: ¨Fui al Teatro Lírico donde estaban presentando la nueva ópera de Gounod *Romeo y Julieta*, y dormí muy bien una vez más¨.

Los éxitos de Dvorak fueron innumerables. Londres lo aclamó, la Universidad de Cambridge le otorgó un grado honorario, en Viena fue recibido por el Emperador, y viajó a los Estados Unidos, con un jugoso contrato, a dirigir un Conservatorio. Allí fue aclamado, especialmente por su sinfonía *Nuevo Mundo*, estrenada en el Carnegie Hall de Nueva York el 16 de diciembre de 1893.

Regresó a Praga en 1895, donde tuvo mucho éxito con su ópera *Russalka* (1901).

¨Dvorak parece haberse vuelto excéntrico, irritable y terco, mientras seguía fumando sus cigarros legendarios. También consumía una gran cantidad de cerveza. Se le veía desafiante e impetuoso, lo que parecía ofensivo a los que no le conocían¨, escribió Grieg.

Objeto de honores y premios de toda clase, Dvorak permaneció leal a su nacionalidad checa. Murió en su patria el 1° de mayo de 1904.

Edward Grieg (1843-1907)

El músico más importante de Noruega, Edward Grieg, fue un alumno desaplicado, siempre reprendido por sus maestros debido a su deficiente rendimiento. Llegó a su escuela con la primera obra que compuso, el profesor la rechazó y le dijo que se dedicara a las materias escolares.

En el Conservatorio de Leipzig tampoco dedicaba mucho tiempo a los estudios y tenía fama de perezoso. Afortunadamente superaba fácilmente las dificultades del teclado y de la composición, y se graduó con honores en 1862.

Se inició en la composición bajo la influencia alemana y cambió de rumbo luego de sus entrevistas con Niels Gade, el compositor escandinavo más importante de su tiempo. Sorprendentemente, más tarde Gade dijo que su obertura *En Otoño* era pura basura. Grieg sometió la obertura a consideración de la Academia Sueca de Música y se le otorgó el Primer Premio. Uno de los jurados era el propio Niels Gade.[22]

El inflexible crítico Hanslick predijo que *Peer Gynt* seria recordado por la música de Grieg y no por las palabras de Ibsen.

Tranquilo habitualmente, Grieg se trasformaba cuando de nacionalismo o su música se trataba, se convertía en polémico furioso. Sus puntos de vista los exponía con la mayor franqueza y en sus cartas era claro y empleaba a menudo expresiones crudas y ordinarias. Grieg agredió físicamente a Ethel Smyth, compositora británica. Ella había criticado la música de Liszt.

En la temporada 1878-79 en Leipzig, el crítico Bernsdorf escribió en *Signale*: "No hemos experimentado sino disgusto por todo lo

---

22 NORTON, J. (1795). *Grieg*. Londres: *J.M.* Dent

absurdo arropado por falso nacionalismo... las ideas son insignificantes, sin organización ni desarrollo, ni habilidad...¨

Conceptos parecidos se emitieron cuando ejecutó Grieg su *Sonata para violín en fa* y cuando ejecutó la parte para piano de su concierto. Esa misma obra fue considerada ¨rara e informe¨ en Copenhague.

Cuando años más tarde se ejecutó su tercera sonata para violín y piano (Leipzig, 1886), el violinista fue el famoso Adolf Brodsky. Otra vez el crítico Bernsdorf sostenía que la obra carecía de ¨desarrollo orgánico, de gusto y de severidad¨.

En 1890 *Le Matin* de París contradijo a los enemigos de Grieg y negó el prejuicio de que no era capaz de componer una obra de gran aliento.

El terrible crítico G.B. Shaw dijo de *Peer Gynt* que contenía mucha azúcar orquestal.

En Francia, Grieg fue acogido con reserva, ya que había intervenido epistolarmente en el caso Dreyfus, el oficial del ejército condenado injustamente por traición a la patria. El compositor noruego aceptó una insistente invitación y viajó a París (1903). Debussy comentó con ironía las presentaciones de Grieg y se complacía en describir los pequeños disturbios que antecedieron al primer concierto. Los comentarios eran poco elegantes. De su actuación en el podio decía que a pesar de su edad era alegre y seco. (¿) ¨Y conduce la orquesta con minuciosidad, subraya sutilezas, distribuye la emoción con un cuidado extremo¨. De sus obras se burló de *Melodías elegíacas* y alabó a *Peer Gynt*. Pero en su opinión definitiva dijo que Grieg ¨es un músico hábil y más preocupado por los efectos que por el verdadero arte¨. Sobre el famoso concierto para piano emitió un comentario mezquino agregando que el solista, Raúl Pugno, durante su ejecución trataba de disimular su antipatía por la obra .Hubo opiniones contrapuestas sobre el concierto mencionado. Lalo dijo que simplemente había copiado música popular noruega. Fauré, por el contrario, firmó comentarios elogiosos en *Le Figaro*.

Grieg nació en 1843 en Bergen y fue inhumado en la misma ciudad en 1907.

Y ya en el siglo xx

Leos Janacek (1854-1928)

Ferviente nacionalista Leos Janacek, moravo, nació en 1854 en Hukvaldy, actual Republica Checa. Creció en un ambiente familiar que concedía importancia especial a la música. Tuvo un largo aprendizaje en Praga, Leipzig y Viena, además de Brno, donde se dedicó a la música coral, a la dirección de orquesta, a la enseñanza musical y al estudio del folclor moravo. Contrajo matrimonio con Zdenska Schulzova y nunca fueron felices.

Su ópera *Jenufa* fue recibida fríamente en su país. Los melómanos nacionalistas la aplaudieron, lo mismo que su amiga íntima Kamilla Schulzova. El reconocimiento internacional le llegó con su ópera *Katia Kabanova* (1921).

A los setenta años compuso su impactante *Sinfonietta*. Más tarde viajó a Londres (Wigmore Hall), y en el ensayo del *Capricho para la mano izquierda y Orquesta de cámara* tuvo un serio altercado con el pianista y otros miembros de la agrupación.

En su *Misa glagolítica* (1926) confirmó su extremismo nacionalista.

Los pesares de la senectud los llevó a su ópera *La casa de los muertos* y al cuarteto *Cartas íntimas*.

Sus últimos días transcurrieron en su pueblo natal al lado de su familia y de Kamilla Schulzova y su esposo. (1928).

Ethel Smyth (1858-1944)

Nació en Londres y estudió música en Leipzig. Autora de sinfonías, corales, y óperas. Personaje singular, Ethel Smyth pasó a la historia de la música en la primera mitad del siglo XX. Comenzó a ser nombrada en los medios musicales a raíz de un violento altercado con Edward Grieg, el compositor noruego. Se distinguió por su verbosidad y su atuendo que incluía prendas masculinas.

Como directora de orquesta Ethel Smyth no pudo imponerse, pero si por un himno dedicado al voto femenino. Seguidora de la líder sufragista británica Emmaline Pankhurst, en 1910 se unió a la Unión Social y Política de mujeres, (*Women's Social and Political Union, WSPU*), grupo abanderado por la líder británica mencionada. En el curso de una manifestación, el grupo apedreó la casa de un alto funcionario del gobierno y Ethel fue condenada a dos meses de prisión, pena cumplida en la penitenciaría de Holloway. En este lugar dirigió su obra más exitosa, el coro de la *Marcha de las mujeres*. A falta de batuta dirigió la ejecución con un cepillo de dientes en su diestra (1912).

Una corta pieza autobiográfica, *La prisión*, rememora sus peripecias tras las rejas.

Admiradora de Virginia Wolf, intentó llevar a la Ópera el tema *Orlando*, de esta escritora.

No llegó más lejos en su carrera musical porque ¨dilapidó tiempo en sus conquistas sociales y sexuales¨, según afirmación de N. Lebrecht.[23]

Y J. Burrows dijo que era ¨miembro eminente del movimiento sufragista femenino y sostuvo intensas relaciones amorosas con mujeres importantes¨.[24]

23 LEBRECHT, N. (1995). *The Maestro Myth*. Nueva York: Cita del Press.
24 BURROWS, J. (2010). *Classical Music*. Londres: Metro Books.

En 1922 Ethel Smyth fue galardonada con la Orden del Imperio Británico.

Su oído se deterioró en sus últimos años y desde entonces escribió muy poca música.

Murió en Woking en 1944, a los 86 años de edad.

Edward MacDowell (1860-1908)

Nació en Nueva York en 1860 y falleció allí mismo en 1908. Recibió clases de violín del colombiano Juan Buitrago y de piano de la venezolana Teresa Carreño. En París fue alumno de Antoine Francois Marmontel. En Alemania asistió al Conservatorio de Frankfurt. Fue profesor de piano en Darmstad y recibió aplausos en Leipzig.

Músico creativo, MacDowell es considerado como el padre de la música nacional estadounidense.

En 1884 se casó con Marian, una estadounidense que fue alumna suya en Darmstad. La pareja se estableció en Frankfurt y a continuación en Wiesbaden. De 1885 a 1888 MacDowell se dedicó casi exclusivamente a la composición. En 1888 MacDowell regresó a los Estados Unidos luego de dar a conocer en Europa su segundo concierto para piano y orquesta. En su país se dedicó a la enseñanza, y la Sinfónica de Boston divulgó sus obras. Publicó algunas bajo seudónimo.

Actuó diligentemente en sus cátedras de la Universidad de Columbia, pero a partir de 1903 sostuvo un tenaz enfrentamiento con el presidente de la Universidad. ¡Se quejaba MacDowell de que éste daba declaraciones a la prensa sin consultar antes al profesorado! Varios directivos de dicho establecimiento sufrieron sus agresiones. Era francamente querellante y agresivo.

En 1904 su salud se estaba deteriorando, andaba desorientado y sufrió un severo accidente de tránsito, lo cual puede haber contribuido a un creciente desorden de su capacidad mental. En sus momentos lúcidos concibió la idea de transformar su extensa propiedad en una colonia para artistas de edad avanzada.

MacDowell murió en 1908 en Nueva York. Marian se preocupó por su marido hasta el final de su vida.

Richard Strauss (1864-1949)

Este compositor y director de orquesta nació en Munich. Recibió una esmerada educación que incluyó su inicio en la literatura universal y el arte en general, además de una temprana instrucción musical. Heredó de su progenitor Franz Strauss, a quien ya mencionamos atrás, el antisemitismo y el desafecto por la música italiana.

Nunca el padre trató de acelerar la carrera musical de Richard, ni igualarlo a Mozart, por el que todos tenían respeto y admiración sin límites.

Además de miembro de la orquesta oficial, Franz dirigía un grupo musical y así su hijo pudo entregar al público su Primera Sinfonía. (Richard desechó más tarde esa obra).

Richard Strauss fue, como su padre, antiwagneriano en su juventud. A la edad de catorce años escribió sobre las composiciones de Wagner. Decía que *Siegfried* lo había aburrido ¨terriblemente¨, que la obra era estúpida, con unos ¨tambores… que gruñen desde las profundidades infinitas¨. *Tristán* le parecía algo ¨monótono como una dieta continuada de mayonesa de langosta¨. Pero más tarde fue wagneriano entusiasta.

A comienzos del siglo XX Strauss recibió un doctorado de la Universidad de Heidelberg y en 1904 fue invitado a una gira de conciertos por los Estados Unidos. En 1905 fue el estreno de *Salomé*, aplaudida, criticada, elogiada, una obra que despertó siempre el interés de público y prensa. Fue un éxito y motivo de controversia, lo que favorecía su difusión.

Cosima Wagner decía que la obra era totalmente obscena. La familia real inglesa y las autoridades de New York coincidían con la opinión de Cosima.

De gran beneficio fue para Richard Strauss su encuentro con el afamado escritor Hugo von Hoffmannthal: Antes de la Segunda Guerra Mundial se estrenaron sus óperas *Electra* y *El caballero de la rosa*, en las cuales el escritor colaboró como libretista. Richard Strauss fue director de la Ópera de Viena, donde actuó con mucho acierto.

Su esposa, Pauline de Ahna, fue factor importante en su éxito. Era una mujer práctica y eficiente que dominaba el panorama doméstico, manejaba los negocios y las relaciones sociales y obligaba a su marido a dedicarse a la composición a las horas convenidas de antemano. Richard Strauss contrajo matrimonio cuando ya conocía el temperamento impulsivo y dominante de Paulina, también su apego a la disciplina. Ella estuvo a punto de hacer fracasar el estreno de la ópera de Strauss titulada *Una mujer sin sombra*, debido a su comportamiento abusivo con Lotte Lehman, quien desempeñó el papel protagónico de *Intermezzo*, el caso de una dama muy parecida a la señora Strauss. Esta intervenía en los ensayos en forma imprudente, y Lehmann se vengó de ella con comentarios mordaces.[25] La *Sinfonía Doméstica* trataba de retratar el ambiente hogareño. Un crítico se atrevió a decir que la esposa estaba representada por los trombones y Strauss por un segundo violín.

Ricardo Strauss fue protegido por las autoridades nacional-socialistas, pero ese privilegio se fue desvaneciendo cuando el compositor aceptó en la familia a una nuera judía, y por su obcecada colaboración con el escritor Stefan Zweig.

Dice Milton Cross: "Aquellos que lo conocían bien no sentían mucho respeto por el hombre, aunque admiraran su música. Era notoriamente vano, hasta celoso, y ninguno podía ser su rival... Era psicopáticamente ahorrativo, pendiente de los centavos como si fueran fortunas."[26]

25 MAREK, G. (1984). Richard Strauss Buenos Aires: J. Vergara Ed.

26 CROSS-EVEN (1969). New enciclpedia of the Great Composers. Garden City, New York: Double Day Co.

Strauss aceptó una importante posición en la dirección de la cultura, especialmente destinada a controlar a los músicos. Los judíos ya eran perseguidos y los que pudieron emigraron pronto. Entre las víctimas inmediatas se encontraban el músico Paul Hindemith y el escritor Stefan Zweig, ya mencionado.

Al final de la guerra el compositor y su esposa Paulina se fueron a Suiza. En 1948 un tribunal decidió no acusar a Strauss como colaborador del régimen nazi. Su patria, Alemania, le "perdonó" sus pecados políticos. *Las Cuatro últimas canciones* lo fueron en realidad: el compositor no pudo recobrar su popularidad.

Arnold Schoenberg (1874-1951)

Compositor austriaco, nacionalizado estadounidense. Su vida y su obra fueron siempre polémicas. Con Gustav Mahler, su protector, tuvo malentendidos.

El Pierrot Lunar, de Schoenberg, estaba destinado a provocar batallas. Su música fue llamada "Cacofonía y anarquía musical". Su *Sinfonía de Cámara* provocó desórdenes en Viena. Pero el compositor era obstinado y siguió estrenando obras dodecafónicas.

Su carrera musical comenzó precozmente. A los nueve años ya tocaba el violín admirablemente y, además de compositor, fue teórico musical.

Schoenberg fue un gran aficionado a la pintura, pero su profesor, el húngaro Gersti, se fugó con su mujer. Cuando esta decidió regresar a su hogar, ¡el seductor se suicidó con un cuchillo! Entones el compositor compuso una obra atonal, recibida con risas e insultos por el público. En Londres sus obras recibieron igual desaprobación (191 1).

Viajó a los Estados Unidos donde ganó fama de buen compositor y perfecto querellante. Expresaba frases desobligantes para los periodistas, en actitud agresiva.

Acusó a su amigo, el notable escritor Thomas Mann, de querer explotar su nombre, poniéncoselo al protagonista del *Doctor Faustus*, novela exitosa.

Nunca pudo olvidar al médico vienés que afirmó que su música causaba nuevos trastornos mentales, ni al periodista vienés Karpath (*Died Signales*), autor de esta frase: ¨O se trata de un hombre que perdió la razón, o que toma a los oyentes por tontos¨.

Stravinsky y Schoenberg nunca fueron amigos a pesar de que tuvieron contactos profesionales. Cuando vivían en California sus casas eran cercanas, pero nunca se visitaban. Al fallecer Schoenberg apareció en la prensa un artículo de Stravinsky, redactado en forma fría y calculada. El ruso no asistió a los funerales y comisionó a su esposa para que lo representara (Los Ángeles, California, 1951).

Ejecutantes y directores de orquesta

Antiguamente los pianistas interpretaban a su amaño obras musicales que hoy nadie se atreve a profanar. Esas modificaciones a las versiones originales pueden deberse a incapacidad del ejecutante, al deseo de mostrarse superdotado o exteriorizar desdén hacia compositores consagrados, una forma más de agresividad.

Cuando Frans Liszt estaba "inspirado" ejecutaba la *Sonata N° 26* de Beethoven ¡Y la finalizaba con la llamada *Claro de Luna!* Y, cuando editó la música para piano de Schubert, reconoció que había agregado mucho de su cosecha. Así que el húngaro no pudo criticar al pianista Siloti cuando este combinaba su *Rapsodia Húngara N°12* con la *N°2*.

Adolf von Henselt "arregló" el *Estudio en Blancas y Negras* de Chopin.

Teresa Carreño sustituía arpegios por octavas en el *Concierto para piano* de Grieg.

Alfred Cortot modificaba octavas de la *Polonesa Heroica* de Chopin. Más abusivo fue el pianista Sebastián Schunke: mezclaba un concierto de Ries con el *Emperador* de Beethoven y el *Rondó Húngaro* de Pixis. Además, algunos pianistas desacreditaban a sus rivales.

El mismo Beethoven sufrió la descalificación de sus colegas pianistas: Daniel Steibelt, y Jan Vogler, hablaban de la falta de gracia de su ejecución. Hummel insistía en que era confusa su armonía. Carl Czerny decía que la ejecución de Beethoven era "titánica". Quería decir que le faltaba delicadeza. Curiosamente el profesor aprovechó la *Sonata a Kreutzer* de Beethoven para unas *Variaciones* que le reportaron buenas ganancias.

Godowski, a pesar de su pánico escénico, era un gran pianista. Pero Busoni, su rival, repetía "Godowski puede tocar diez veces más rápido que la pianola y ésta puede tocar con diez veces más sentimiento que Godowski".

El gran pianista Vladimir Horowitz decía que Schnabel —ejecutante extraordinario— era aburrido y demasiado intelectual. De otro excelente pianista, decía que era "medio loco".

Hans von Bulow (1830-1894), se destacó como gran pianista, dotado de una memoria privilegiada. Podía interpretar toda la obra de Beethoven sin mirar una partitura.

Von Bulow acabó con el mito de que la obra pianística de Liszt era demasiado difícil, inaccesible. Sus arranques eran temibles. Antes de un recital en los Estados Unidos hizo pedazos un cartel que la firma fabricante del piano había puesto en el escenario.

Y un músico famoso de su época, Letchetinsky, sostenía sobre von Bulow: "Su técnica debe ser muy buena para lograr que al final resulte todo tan confuso". Fue von Bulow director de orquesta con grandes cualidades y notorios defectos. Impresionaba por su palabra y sus conocimientos musicales. Conversador ameno, satírico en sus apuntes e hiriente con sus adversarios. Era temido por los miembros de la orquesta por su omnipotencia y autoritarismo. Extremista en todas sus empresas, no lo fue menos en sus actitudes antisemitas. Y él mismo decía que su impopularidad no tenía límites. Contrajo matrimonio con Cosima, hija de Liszt, y se dedicó por completo a la obra de Wagner. Este le pagó quedándose con su esposa. De la dirección de la Ópera de Zurich salió por sus disputas con los cantantes En adelante se notaban síntomas de desequilibrio en su conducta. Era el director de orquesta que dirigía largos discursos a los asistentes al teatro... Más tarde, en Hamburgo, parecía distraído mientras dirigía la orquesta. Dice Solomon: "El crítico norteamericano James Huneker le escuchó tocar en Filadelfia el Concierto en si bemol de Chaikovski, que von Bulow había estrenado en Boston el año anterior, 1875. La presencia del director resultó superflua, ya que von Bulow lo dirigía desde el teclado y era obvio que maldecía al director, a la orquesta, a la obra y a su propia existencia".

Berlioz protagonizó episodios violentos en defensa de sus composiciones. Como ejemplo debemos citar la presentación de su *Réquiem* bajo la dirección de Habeneck, (París, Iglesia de los Inválidos, 1837). En cierto momento de la ejecución el director parecía distraído. Súbitamente Berlioz apartó a Habeneck del podio y comenzó a marcar los tiempos a la orquesta, que estaba muy cerca del caos... los músicos siguieron las indicaciones del compositor y la obra finalizó exitosamente. Habeneck trató de dar explicaciones, pero Berlioz lo rechazó ásperamente. Siempre afirmó Berlioz que todo había sido resultado de un complot urdido por Habeneck y Cherubini, lo que nos da idea de la suspicacia que anidaba en el cerebro del compositor. Los roces entre Habeneck y Berlioz se repitieron en otras ocasiones.

Cuando el director de orquesta Girard dirigió desacertadamente *Harold en Italia*, Berlioz decidió que en adelante sus obras serian dirigidas por él mismo. Opinaba en público que los directores de orquesta eran incapaces, flemáticos e indiferentes.

El alemán Bruno Walter mantenía en general buenas relaciones con los miembros de su orquesta, a pesar de que para llegar a la dirección de la Ópera de Viena tuvo que vencer mucha resistencia desplegada por sus enemigos. Finalmente supo mantener la disciplina en su grey hasta que Austria fue incorporada a Alemania por Hitler. Se fue a París y más tarde a Nueva York.

Alma Mahler dijo de Bruno Walter: "Walter era sucio, un cerdo". Y Arnold Schoenberg afirmó rotundamente: "Walter es un gran director. En privado siempre fue un cerdo repulsivo y me daban náuseas cuando pensaba en él".

El lautista Leopoldo Weise acompañaba en su ejecución a un violinista temperamental. Al finalizar la presentación pública el violinista se mostró inconforme, insatisfecho por el sonido del laúd. Insultó al ejecutante y le dio un mordisco en el pulgar derecho, lo que ocasionó larga inhabilidad al atacado. Por poco tiene que sufrir una amputación. Los hechos sucedieron en 1722.

Isaye decía del gran violinista español Sarasate que era como un jilguero, sonidos bellos y poco cerebro.

Sphor consideraba que Paganini era un charlatán y que Lafont carecía de sentimientos. El mismo compositor desdeñaba a los que no aplaudían calurosamente sus obras. Para él los franceses eran unos pedantes de mal gusto

La amistad de Brahms y el violinista Joachin estuvo interrumpida porque el compositor, en un juicio de divorcio del violinista, emitió ante el jurado declaraciones favorables a la esposa. Después renació la amistad y Joachin colaboró en el perfeccionamiento del *Concierto para violín* de Brahms.

La Sonata a Kreutzer fue dedicada por Beethoven al violinista Bridgetower; este la ejecutó algunas veces y la abandonó. Entonces el compositor la dedicó a Rodolfo Kreutzer, se la envió, y Kreutzer ni siquiera acusó recibo de la obra. Hoy es famosa.

El director de orquesta es a la vez músico, ejecutivo, psicólogo, vocero y hasta abogado de sus ejecutantes. Recibe a cambio alabanzas o vituperios. Deben tenerse en cuenta sus cuatro enemigos potenciales: El patronato, o grupo que alienta social y económicamente a su organización y el gerente, que quiere más éxitos artísticos con la menor inversión, el exigente público, al que debe brindar sus obras favoritas en la versión más exquisita. Y falta el último participante, la temible prensa, unas veces genuflexa y obsecuente, y en otras rigurosa y aún malintencionada.

Los grandes músicos de los siglos XVIII y XIX se complacían en modificar las obras de sus antecesores. Mozart cambió la orquestación de *El Mesías* de Haendel. Y las obras de Mozart eran alteradas, como sucedió con su concierto para piano en La. En las representaciones de *El rapto en el serrallo* las partes para clarinete eran ejecutadas por violas. La *Flauta mágica* se estrenó en París con el nombre de *Los misterios de Isis*, y se le adicionaron pasajes musicales de *Don Giovanni* y *Las bodas de Fígaro*. ¡Y algunos pasajes musicales tomados de *Sinfonías* de Haydn! (1801).

En Londres ingresaron a *El barbero de Sevilla* apartes de música de Paisiello (Convent Garden 1818). La obertura fue sustituida por una compuesta por el director H.R. Bishop. En el mismo siglo el director Daniel Turk suprimió secciones *la Primera Sinfonía* de Beethoven.

Tenemos la impresión de un Mendelssohn refinado, elegante y tranquilo. Solamente en Dusseldorf tuvo algunos episodios coléricos originados por la conducta de los miembros de la orquesta. Se jactaban de haber modificado y ¨mejorado¨ la orquestación de *La pasión según San Mateo*, de J.S. Bach. Moscheles cambió acompañamientos de una *Cantata* de J.S. Bach y agregó el órgano a los coros de la *Novena Sinfonía* de Beethoven.

Carl María von Weber fue director de la Ópera de Breslau cuando solo tenía dieciocho años (1804). Los músicos de la orquesta consideraron que era demasiado joven para dirigirlos, se opusieron a sus instrucciones y el violinista concertino presentó su renuncia. Weber duró poco tiempo en su labor como director de orquesta y continuó ganándose la vida como pianista. En 1813 fue encargado de la Opera de Praga y encontró opositores a su disciplina y a sus innovaciones. Los ejecutantes lo insultaban en lengua checa, debido a que el director aún no dominaba la lengua nacional. En Dresde se repitió la historia: Por implantar disciplina los músicos no lo querían obedecer. Tras repetidos esfuerzos dirigió una ópera de Mehul durante la cual mantuvo un serio enfrentamiento verbal con un bajo que no acató sus instrucciones.

Luigi Pacifico Spontini fue un director de orquesta que no hizo honor a su nombre de pila. Le complacían los ambientes caldeados, bélicos. Al comienzo del concierto arengaba a "sus huestes". Al finalizar la labor exclamaba: "Adiós a las armas".

El singular Michael Costa se complacía en multar o destituir a los músicos de su agrupación. Era fanático de la exactitud y riguroso en el *tempo* de la música que ejecutaba ¡con la ayuda... de un metrónomo! No obstante, a veces se excitaba y del *allegro* pasaba al *presto* y al *vivace*, poniendo en aprietos a sus ejecutantes.

Jullien se distinguía por sus excentricidades. Había actuado en Londres desde 1841 y ya los asiduos asistentes a sus conciertos estaban acostumbrados a su exotismo. En una ocasión atacó con un cuchillo a una admiradora. Terminó sus días en una clínica psiquiátrica.

Richard Wagner como director de orquesta hizo polémicas modificaciones a obras famosas, por lo que recibió muchas críticas. En las sinfonías de Beethoven exageraba *rubatos*. *Ifigenia en Aulide, de Gluck*, era "perfeccionada" con sus agregados. En Zurich fue atacado por sus interpretaciones de las sinfonías beethovenianas *Quinta y Sexta*. Wagner era impaciente y deseaba tener mejor sonido con las primeras instrucciones. Sus contemporáneos dijeron que en sus ensayos había alboroto, desesperación, comentarios en voz alta, mientras el director trataba de imponer el compás con los pies para ser escuchado por todos los miembros de la agrupación.

El paso de Wagner por Londres estuvo lleno de incidentes. Comenzó expresando: "Me siento aquí como un alma condenada se siente en el infierno". Hablaba del abominable aire de Londres, de los vapores del carbón, de la vestimenta de la gente, todo lo encontraba criticable. ¡Y añadía que había judíos en todas partes!

Más tarde dirigió de memoria la *Quinta Sinfonía* de Beethoven dentro de los programas de la Sociedad Filarmónica de Londres.

Después del último ensayo de la obra él crítico musical Davison escribió: "Ningún director extranjero ha venido con estas pretensiones extraordinarias, ni ha producido tan desfavorable impresión".

Wagner quiso introducir aceleradamente innovaciones en la Opera de Dresde, pregonaba que tenía derecho a reformar o completar partituras de músicos acreditados y quiso contratar ejecutantes de otras ciudades. Los músicos organizaron un boicot capitaneado por Kar Lipinsky, engreído concertino de la agrupación. Este violinista llegó a decir que Wagner daba a sus pupilos instrucciones equivocadas y confusas para que todo se oyera mal y regañarlos. De todas maneras consiguió que los patrocinadores y orientadores de la vida musical de Dresde financiaran algunos de sus proyectos, y llegó a dirigir la *Novena Sinfonía* de Beethoven con un elenco brillante.

Serguéi Koussevitzki fue llamado fanfarrón y sádico por sus hombres, que seguían sus indicaciones aunque se dieran cuenta de que no eran acertadas. Así funcionó durante mucho tiempo la Orquesta de Boston. En su carrera figuran estallidos de furia y discusiones con directivos del teatro y periodistas, luego trataba de reconciliarse con los agredidos. Se le reconoce como su mayor acierto la creación de los festivales de música de Tanglewood porque el evento se convirtió en algo fundamental en la historia musical de los Estados Unidos.

Thomas Beechman fue uno de los directores de orquesta que tuvo más enemigos. Y tenía que ser así, gracias a su intemperancia verbal. Irrespetaba a las ciudades en las que iba a actuar. Dijo que Seattle era un basurero artístico, lo mismo dijo de Belfast. Se vengaba así de los que decían que el dinero le había hecho director de orquesta. (Su padre era el fabricante de las famosas pildoritas Beechman). También hablaba mal del público inglés, y afirmaba que era el más atrasado del mundo. Los melómanos de los Estados Unidos y Australia recibían trato parecido. Dio a conocer obras de algunos de sus contemporáneos, perdió dinero en empresas musicales y se volvió cada vez más agresivo. De Koussevitsky decía que no era capaz de leer una partitura y de Bruno Walter que olía mal. Propagaba que Bronislau Huberman era un maravilloso artista pero no sabía tocar el violín. Tenía una opinión abusiva de Toscanini: "Han glorificado a un simple director de banda".

Furtwangler nació en 1886, hijo de un arqueólogo y una pintora. Recibió una educación esmerada, estuvo en contacto con la obra de Goethe y quiso ser compositor. Cuando se decidió por su otra vocación, la dirección de orquesta, lo hizo en parte como un medio de vida. Fue bautizado como Gustav Heinrich Ernst Martin Wilheim, y a los diecisiete años ya había compuesto algunas obras musicales que no pasaron a la historia. Adulto temperamental, fue un director de orquesta intolerante que hacía de cada ensayo un pequeño infierno.

En los inicios del régimen nazi en Alemania contemporizó con los métodos represivos que se implantaron. Cuando su amigo Hindemith tuvo que expatriarse, Furtwangler emigró a los Estados Unidos, donde los pro-nazis lo acusaban de traidor y los judíos lo tenían por enemigo.

Poco a poco fue perdiendo la audición y quedó totalmente sordo.

Otto Klemperer era a veces amable y en ocasiones distraído, ansioso o suspicaz.

Todo esto relacionado con su propensión a accidentes y secuelas de una operación quirúrgica por tumor cerebral (1933). Hasta se llegó a afirmar, sin fundamento, que había estado recluido en un sanatorio para enfermos mentales. En 1951 sufrió fractura de la cadera pero siguió dirigiendo orquestas. Después de la Segunda Guerra Mundial se hizo cargo de la Orquesta Philarmonia y grabó discos notables.

Fue Rodzinsky un querellante pertinaz. Procedente de Dalmacia fue asistente de Stokowski y se destacó en su labor de director de orquesta en Los Ángeles, Cleveland, Nueva York y Chicago.

Eugene Ormandy gozaba de un oído absoluto y una memoria excepcional. Desde niño se destacó como violinista y en 1931 se trasladó de Budapest a Minneapolis. Más tarde actuó en Filadelfia al lado de Stokowski y allí mantenía enfrentamiento con la prensa. Los críticos afirmaron que era "el mejor de los directores de segunda categoría".

Karl Muck, alemán, era excitable y considerado un misántropo. Hablaba mal de sus colegas y trataba a los músicos de la orquesta en forma desconsiderada. A Paderewski lo llamaba irónicamente el "rey de Polonia". Siempre creía que se conspiraba contra él.

Charles Laumoureux, francés, trataba rudamente a los hombres de la orquesta. Sin embargo se le reconocía su talento y sus dotes de organizador. Al morir dejó las cosas arregladas para que lo sucediera su yerno Chevillard, joven y arrogante, quien pronto fracasó y su permanencia al frente de la *Orquesta Lamoureux* fue fugaz.

Gustav Mahler nació en Bohemia, hijo de un padre agresivo y una madre sumisa, con una hermana posesiva y neurótica y un hermano con deficiencia mental. En el curso de su vida este gran compositor y director de orquesta se sintió perseguido. Se convirtió al catolicismo abandonando la religión judía. Y en Viena, donde triunfó, se sintió siempre un extranjero.

En determinada etapa de su vida daba mucha importancia a su realización sexual. Creía que era demasiado joven la novia, Alma, que iba a desposar. Más tarde mostró celos intensos por la amistad de Alma con el arquitecto Gropius, lo que le llevó hasta el diván de Freud.

Sufría jaquecas frecuentes y se mostraba irascible. Según Schoenberg "era demoniaco, neurótico, exigente, egoísta, sarcástico, desagradable... y un genio". Trataba a los miembros de la orquesta desconsideradamente, y expresaba opiniones desfavorables sobre los otros directores. Su carrera comenzó en teatros menores (Halle, Lubliana). Después von Bulow lo nombró su asistente. En Leipzig fue segundo de Nikisch, con quien no congeniaba. Lo llamaron de Budapest y allí triunfó plenamente (*Don Giovanni*). Se consagró en Hamburgo y se amistó con Bruno Walter. Sus dos primeras sinfonías fueron aclamadas.

La historia registra el enfrentamiento del pianista Josef Weiss y Mahler. Ensayaban un concierto de Mozart y el director de la orquesta exasperó a Weiss con sus continuas correcciones. El pianista arrojó las partituras a la cara de Mahler y el espectáculo fue cancelado.

Mahler logró su meta: Viena, la Ópera, la Filarmónica. Con ésta sus relaciones fueron difíciles desde un comienzo. Una de las causas, sus modificaciones a obras de Beethoven y Schumann. Por el contrario, su gestión en la Ópera fue siempre elogiada aunque tuvo que vencer viejos resabios de los cantantes y directivos de la entidad. Por su labor fue considerado enérgico, irascible e incansable.

Fue llamado de Nueva York, *Metropolitan Ópera House*. Allí triunfaban los mejores cantantes del mundo. (Caruso, Chaliapin, Scotti, etc.) Su *Tristán e Isolda* recibió comentarios dispares. Cuando regresó, (su segunda temporada), dirigió su sinfonía *Resurrección*, pero se sentía enfermo. Los críticos musicales elogiaron su obra. (En París había sido desdeñado por Debussy y Pierné, y los críticos lo llamaron excesivamente perfeccionista).

Fue decisiva la designación de Arturo Toscanini como uno de los directores del Metropolitan. Era Toscanini un italiano sano, enérgico y autoritario, que enseguida solicitó la dirección de *Tristán e Isolda*, una ópera que Mahler consideraba "suya". Mahler tuvo que ceder... Le fue diagnosticada una estreptococia y, aceptado su mal pronóstico, Mahler y su esposa decidieron el regreso a Austria. El gran músico falleció en el mes de mayo de 1911, a los cuarenta y nueve años.

Arturo Toscanini nació en 1867. Su padre era de recio carácter, impositivo, trabajador, y en sus años maduros se convirtió en sastre. Su madre era un ama de casa a la italiana que dedicaba al canto sus horas de reposo.

Arturo ya estudiaba música con dedicación a los nueve años de edad y en la adolescencia ejecutaba el violonchelo en el Teatro Regio de Parma, su ciudad natal. A los dieciocho años acompañaba en Brasil a una compañía de ópera. El director de la orquesta tuvo que renunciar por su incompetencia. Fue reemplazado por su asistente, Superti. El público protestó vivamente y algunos cantantes propusieron que Toscanini dirigiera la agrupación. El joven subió al podio y dirigió la ópera *Aida*, de Verdi, de memoria. Así dirigió once óperas más.

Solo había cumplido veinte años cuando se hizo cargo de *Otello* (Scala de Milán). Y en el Teatro Regio de Turín dirigió *El crepúsculo de los dioses*. Allí comenzó la carrera definitiva de uno de los más grandes directores de orquesta.

Desde joven protagonizó algunos incidentes debidos a su intemperancia. En 1919, en Turín, la orquesta sonaba desafinada en el ensayo de la *Novena Sinfonía* de Beethoven. Toscanini descubrió que el culpable era un segundo violinista; le quitó el arco, lo rompió estrepitosamente, uno de los fragmentos golpeó al desafinado, se discutió mucho... y al final el ensayo continuó. Al día siguiente el director pidió excusas al infortunado y le regaló un nuevo arco para su instrumento. Digamos ya que era discutidor, exigente en materia musical, conflictivo y agresivo. Sobre el Metropolitan de Nueva York dijo en una ocasión: "No me hablen del Metropolitan. Es una porquería, no un Teatro de Ópera. Ya hace cuarenta años era un mal teatro... Caruso y Scotti vinieron a verme y me dijeron que es ideal para hacer dinero, pero no es cierto". Tiempo después aceptó un contrato que le ofreció ese afamado teatro y explicó: "Vine al Metropolitan porque ellos me dijeron que Mahler había aceptado, y pensé que si un músico como Mahler va allí, el Metropolitan no debe ser tan malo". En efecto, después de fijar sus condiciones viajó a Nueva York. Allí no se dejó imponer puntos de vista ajenos y los resultados fueron satisfactorios. Dirigió más de dos docenas de óperas en sus siete temporadas, incluyendo obras de Wagner y de compositores franceses que llegaron por primera vez al escenario el Metropolitan.

Toscanini realizó una gran labor en la Metropolitan Opera, pero tuvo serias diferencias con el gerente Gatti-Cazzaza. Sostenía el director que los sueldos de los músicos no correspondían a su calidad y que no se les daba el tiempo necesario para ensayar las obras que iban a ser ejecutadas. Esto determinó la dimisión del director (1915). Los periódicos intervinieron: unos dijeron que la salida era simplemente debida a sus terribles accesos de ira y a su tratamiento desconsiderado a los trabajadores del teatro.

En lo referente a la familia decía que los lazos del matrimonio eran inviolables; que un hombre puede tener amantes, pero solo existe una esposa. Y agregaba que los amigos que se divorciaron perdieron su estima. Además pensaba que un viudo no debía casarse o, por lo menos, debía esperar varios años para hacerlo.

Cuando perdía los estribos se acordaba de su tema favorito, los cantantes. Ofendía a los vivos y a los desaparecidos: "Todos son unos perros... todos...todos".

Cuando Toscanini se acaloraba en una reunión, los amigos recurrían a los temas que le complacían. El más grato, Verdi. Toscanini lo tenía en el más alto concepto.

En una ocasión fue invitado Toscanini a un gran restaurante en la Galería Milán, próximo a la Scala. Estaba anunciada la llegada de Mussolini y Ciano a la capital industrial de Italia. En los alrededores del restaurante se respiraba un ambiente político tenso por la presencia de fascistas de todos los sectores de la ciudad. Toscanini mostró contrariedad de varias maneras y hablaba en voz alta, protestaba contra el movimiento político predominante. Cuando mencionaron en la mesa al gobierno, el Maestro repetía nervioso y para que todos lo escucharan: "¡Mussolini! ¡No hablen de ese asesino! ¡A ese cerdo lo quisiera matar!" Los que lo rodeaban fingían no entender las palabras del Maestro. La esposa murmuraba al oído del músico: "¡Basta... Basta... Papá!". (Papá era el tratamiento que recibía de toda su familia). Era tanta la admiración que los milaneses sentían por Toscanini que ninguno le contradijo ni reprobó sus imprudentes palabras.

Una de las actitudes que lo enfrentaron al público de la Scala de Milán fue la negativa a los *encores* de los cantantes. Éstos acostumbraban complacer a sus admiradores con un bis, y otro más si las peticiones eran reiteradas. Toscanini fue inflexible en este campo. Y en una ocasión abandonó el teatro para no complacer a los asistentes.

No le importaba emitir opiniones cáusticas sobre otros músicos. El director Barbirolli atravesaba el Atlántico, y en el paquebote se encontró con Toscanini; juntos ojearon las partituras de ¨*Música para cuerdas, percusión y celesta*¨, de Bartok. Luego de un somero análisis Toscanini exclamó: ¨*Música para una tómbola*¨.

Glenn Glould, nacido en Toronto, Canadá, figura entre los pianistas agresivos y también fue blanco de ataques por parte de la prensa y sus colegas. De Beethoven pensaba en voz alta que su mejor obra era *La gran fuga,* pero que no entendía por qué a la gente le gustaban las *Sinfonías* y el *Concierto para violín.* El público pensaba que ofendía a Beethoven cuando, durante su ejecución del *Cuarto concierto para piano* de Beethoven en Nueva York, colocó un vaso de agua sobre el piano y tomaba sorbos cuando tenía un respiro en su participación en la obra. De Beethoven grabó una versión para piano de la *Quinta Sinfonía.* Despreciaba la sonata *Apassionata* pero la llevó al disco. De Mozart odiaba la *Sinfonía Cuarenta* y *La flauta mágica.*

Cuando ensayaba con la orquesta se quitaba los zapatos y adoptaba posturas raras. En Paris la prensa le llamó ¨orangután¨.

De Schoenberg decía que se le podía acusar de haber escrito obras contra el piano, pero que no se le podía acusar de haber escrito obras para piano.

Los señores de la prensa se vengaban de su permanente actitud burlona. Un comentario decía: ¨Comienza a parecer otro fenómeno parecido a Liberace¨, y maliciosamente explicaba que el símil no contenía ninguna alusión sexual.

El ruso Serguei Prokofiev ya había compuesto en su infancia dos óperas, una pieza para piano y una que llamó *Sinfonía a cuatro manos*. En su juventud daba lecciones de piano a la madre de Nikita Magaloff, y solicitó a la alumna que ejecutara el segundo movimiento de una sonata de Chopin. Prokofiev, al oírla, le dijo que aquello sonaba como un tango. Ordenó la repetición del trozo musical y la alumna lo ejecutó en la misma forma. Prokofiev, furioso, se acercó a la alumna, le propinó una cachetada y se marchó. Fue la última lección.

Glazunov decía que apreciaba mucho a Prokofiev, pero cuando escuchaba una de sus obras se tapaba los oídos.

Herbert von Karajan se oponía al ascenso de sus posibles rivales. Era temible cuando estaba furioso o fingía estarlo. Según la revista *Der Spiegel*: "Despótico en Austria -a la que trata como un estado de opereta- Karajan es también capaz de poner en su sitio a la Filarmónica de Berlín".

Pierre Boulez nació el 26 de marzo de 1925. Es uno de los grandes de la música actual. Compositor de vanguardia, combativo, innovador, ha sido considerado un "dictador pedante y camorrista". Cuando el ataque a Nueva York el 11 de septiembre de 2001, participó en demostraciones públicas en Suiza, lugar donde residía. La policía le retuvo su pasaporte. En su exaltación manifestó que había que incendiar los teatros porque se oponían a las innovaciones en la música.[27]

En los casos mencionados hasta ahora, los directores de orquesta abusan de su autoridad. Pero existen otros casos en los que el director de orquesta es víctima de sus subordinados.

Carl María von Weber, como se dijo atrás, tuvo que enfrentarse a los músicos de la Orquesta de Dresde porque lo consideraban muy joven para su labor. Igual le sucedió a Félix Mendelssohn

---

27 CLARK. P. (2010, octubre). *Pierre Boulez at 85*. Revista *Gramophone*. Octubre 2010.

y a Nikisch, director de la *Gewandhaus* de Leipzig a los veintidós años de edad.

El alemán Wilhem Furtrwangler fue boicoteado en Nueva York, tildado de nazista y en la misma orquesta que dirigía encontró la oposición de John Barbirolli.

Rodsinsky terminó su carrera en la Filarmónica de Boston porque había despedido a catorce ejecutantes. Berlioz dirigía una noche un largo programa. Después de un coro de Weber el compositor contó sus miembros y no encontró sino once instrumentos de cuerda y un trombonista. Suspendió la presentación, y el público exigía vehemente que continuara el concierto. ¡Faltaba nada menos que su *Sinfonía Fantástica*!

Peor le fue al director francés Alexander Boucher, tan autoritario que se creía un general bonapartista. En 1928, en Bruselas, se excedió en instrucciones y admoniciones a sus subordinados. Cuando levantó la batuta para iniciar la ejecución se dio cuenta de que la orquesta había desaparecido ¡Y que los espectadores reían!

Músicos versus músicos

Bach hablaba con desdén de ¨cierto maestro italiano¨, y Marcello ridiculizaba al mismo personaje en escritos y caricaturas. Se referían a Vivaldi. Quantz, por su parte, lo acusaba de rutinario y poco imaginativo. Hasta los consagrados conciertos del *Estro Armonico* fueron criticados por su pirotecnia, repeticiones y defectos en la composición El olvido deliberado es otra arma empleada en la música. Saverio Betenel publicó una *Historia de la música* cuarenta años después de la muerte de Vivaldi. El compositor italiano brillaba por su ausencia en dicha obra.

Louis Spohr, compositor mencionado atrás, descalificaba la *Quinta Sinfónia* de Beethoven porque era ¨puro ruido que nada significaba¨. Sobre la ópera *Oberon* de Weber se expresó así: ¨Asunto excesivamente lírico. Hasta la misma música es inferior en frescura a otras óperas del mismo Weber¨. También Spohr trataba irónicamente a los intérpretes. Después de una representación de *El barbero de Sevilla* comentó: ¨Música siempre alegre, llena de ideas, la mejor que ha escrito Rossini… Viardot - García hace una gran versión de la ópera, apenas deja intacta una melodía¨. Spohr destruyó *La Favorita* de Donizetti: ¨No escuché sino dos actos. Música para teatro de marionetas¨.

Schumann dijo de Wagner que era rico en ideas pero menos rico en melodías. Sobre Meyerbeer tenía apreciaciones rotundas: "Lo que le pertenece por entero es ese ritmo tan inadecuado que encontramos en casi todos los temas de *Los Hugonotes*. La escena de la bendición de las espadas parece una Marsellesa disfrazada... Después de *El Cruzado* he encontrado a Meyerbeer entre los músicos; después de *Roberto el Diablo* he vacilado; pero después de *Los Hugonotes* lo coloco sin dudar entre los acróbatas del circo *Franconi*".

Schumann elogió a Beethoven para maltratar a un colega: "Los dos primeros acordes de la *Eroica* de Beethoven contienen más melodías que toda la música de Bellini".

Hugo Wolf, compositor, se inspiró en temas de Pedro A. de Alarcón (*El Corregidor*) y en aires españoles e italianos. También pianista elogiado, como crítico fue abusivo. El 4 de mayo de 1884 dio noticias sobre la presentación de la opera *La Gioconda* en la siguiente forma: "Un producto de poca calidad que, esperamos, pronto se desvanecerá del repertorio. El autor del absurdo libreto alimentado con las sobras de temas más banales y absurdos, parece ser el desacreditado Arrigo Boito, escondido detrás de un anagrama, *Tobia Gorrio*. ¿Por qué la máscara? Tobia Gorrio sabe que este texto para La Gioconda es sucio, caníbal y llega a lo monstruoso... La parte musical de esta obra no es mucho mejor".

En la Casa de Salud del doctor Svetlin, la hoja de diagnóstico de Hugo Wolf lo definía como paralitico general, entidad debida al treponema pálido. Deambulaba por avenidas y parques, y quiso suicidarse. Terminó sus días en el Asilo de Locos de la Baja Austria. Cuando sus amigos lo visitaban les decía con resignación: "Si, yo era Hugo Wolf"

La música de Héctor Berlioz no era agradable a los oídos de Mendelssohn... Berlioz, según Wagner, era diabólicamente hábil. Para Clara Schumann era "frío, antipático y querellante". Berlioz emitía opiniones sobre algunos de sus colegas. De Rossini dijo: "Su perpetua repetición de una especie de cadencia, su eterno crescendo y su sonido de tambor grande, eso me exasperó".

Músicos versus músicos

El compositor francés Gabriel Fauré (1845-1924), no fue apreciado por sus contemporáneos tanto como merecía. En parte se debía al trato poco cortés que daba a sus colegas.

En una ocasión el alumno Maurice Ravel le presentó unas canciones quería su concepto. Fauré las rechazó sin siquiera mirarlas. Cuando se estrenó *El Mar*, de Debussy, pidieron a Fauré su concepto. Refiriéndose a la sección titulada *Del alba al mediodía* el maestro respondió: "sí, me gustó sobre todo la sección que corresponde a las once y treinta de la mañana".

Fauré viajó a Alemania en busca de un editor ya que sus coterráneos no le habían ayudado. Allí vio la luz su hermosa primera *Sonata para violín y piano*. Después de haber participado en la guerra franco - prusiana (1870), regresó a París y se dedicó al profesorado y a su función de organista en la *Madeleine*. En 1896 fue nombrado profesor de composición en el Conservatorio. Debido a la sordera renunció y no recibió pensión ni otros beneficios. En compensación más tarde se le confirió la Medalla de la Legión de Honor.

Murió Fauré en 1924 en París. Los servicios fúnebres se llevaron a cabo en la Iglesia de la Madeleine, donde había actuado durante largos años. Cuando uno de sus amigos gestionó honores oficiales como numerario de la Legión de Honor, el ministro de educación, un tal Francois Albert, preguntó: "Qué Fauré ha muerto... ¿Qué Fauré es éste?".

Vicent d'Indy fue un músico francés elegante, elogiado en Francia y en muchas otras latitudes. Fue huérfano de madre y criado por su abuela, la condesa d'Indy, de quien heredó una apreciable fortuna. Antisemita, no expresaba sus opiniones en público. En el campo musical sí manifestaba su pensamiento y defendía su obra.

En cierta ocasión se batió en duelo con un libretista. Las pistolas no causaron daño a los duelistas y el compositor se dirigió enseguida a dirigir el ensayo de la orquesta a su cargo.

117

En la Sociedad Nacional de Música se mostraba activo y manipulador. Tramó la salida del presidente de la entidad, Camilo Saint-Saens, e hizo elegir a C. Frank. Saint-Saens, que era ateo, escribió un libro que ridiculizaba las ideas religiosas de d'Indy. De su sucesor en la Sociedad (C. Frank), afirmó d'Indy rotundamente que su obra *Preludio, Coral y Fuga* era en extremo desagradable y que "la coral no es coral ni la fuga es fuga".

Héctor Berlioz, crítico cáustico tantas veces citado, decía: "Meyerbeer no solo tiene la suerte de tener talento, sino que tiene el talento de tener suerte".

Gounod en cierto momento cedió a tendencias místicas y deseó ingresar a una orden religiosa. Pudo más la atracción que el teatro ejercía sobre él. Y así dedicó sus energías a *Fausto*, basado en la famosa obra de Goethe. Fue un éxito, aunque Wagner afirmara que era obra "vulgar, nauseosa". Irónicamente, Gounod era acusado de wagneriano por los franceses.

Jules Massenet no era muy apreciado por sus colegas porque le creían oportunista y hábil, mas dispuesto a complacer al público que seguir las normas musicales imperantes. Le consideraban hipócrita, celoso y ambicioso. Bizet decía sobre él: "Éste nos va a sobrepasar a todos". Y Vicente d'Indy opinaba sobre Massenet: "Con su erotismo discreto, casi azucarado y *quasi* religioso está saliendo adelante". Rimsky-Korsakov decía que solamente era un compositor hábil. A pesar de esas opiniones Massenet fue aplaudido cada vez que llevó una obra a escena.

Enmanuel Chabrier fue un compositor singular. A los treinta y cinco años de edad no había compuesto ninguna obra importante. Parecía admirar mucho a los animales y compuso la *Balada de los pavos gordos* y la *Pastoral de los cerdos rosados*. Después dejó inconcluso un valse a los bueyes. Ganaba su vida como empleado oficial, obligado a cumplir horarios exigentes; además cumplía tareas aburridoras como arreglos musicales y uno de sus clientes era el anónimo señor Judic, quien decía que Chabrier componía "bobadas para canto" que eran bien retribuidas. Más tarde su carrera siguió rumbos acertados con *Gwendoline*, los valses para dos pianos y una obra festiva, *España*, de gran éxito.

Se repiten mucho las sátiras que se cruzaban Chabrier y Benjamin Godard. En alguna ocasión éste le dijo: "Lástima que te hubieras dedicado a la música tan tarde". Y Chabrier respondió: "En cambio es una lástima que te hubieras dedicado a ella tan joven".

El siglo XIX fue la era de los virtuosos. El diario *La Francia musical* dijo el 21 de abril de 1844: "No imaginamos que alguien disputara el invento del mono-concierto... se requiere la audacia de Liszt y la inmensidad de su talento para obtener un triunfo así". Después su musicalidad, su técnica y su aureola de artista romántico lo pusieron en primer plano. Y no faltó la novela de su vida al lado de las más distinguidas damas: Marie d'Agoult, la noble rusa, la noble cosaca... Todo esto avivaba el interés de artistas y literatos. Cuando cultivó otros géneros de la música, como el oratorio, fue criticado. Recibió de Wagner rechazo cuando dio a conocer su oratorio *Cristo*. Wagner abandonó la sala exclamando: "A este Franz no lo aguanto más". ¡Años más tarde Wagner se convirtió en yerno del pianista!

Igor Stravinsky tuvo serias diferencias con varios de sus colegas. También con intérpretes de sus obras. De Wagner dijo: "No fue un gran compositor. Le costaba trabajo encontrar una melodía".

Darius Milhaud afirmaba que después de oír la música de Wagner había que limpiarse los oídos.

Richard Strauss, cuando joven, sostenía que la música de Wagner era aburridora y Saint-Saens decía que "la wagneromanía era un ridículo excusable".

Offenbach opinaba: "Desde hace años se representan en los principales escenarios de Alemania las llamadas *Óperas de Wagner*. Pregunten al público cuales son los títulos de dichas obras... En Múnich, en Viena, en Berlín, se ejecutaron varias óperas de Wagner...

cada tentativa se hizo al son de fanfarrias... El triunfo precedió a la obra, pero no lo siguió... Tengo mis fuertes dudas de que el público tenga dientes suficientemente fuertes para masticar las obras surgidas de la pluma de Wagner".

Y ¿qué dijo Wagner del *Orfeo* de Offenbach? "Esa música desprende un olor de estiércol donde habían ido a revolcarse todos los cerdos de Europa". El 8 de diciembre de 1881 el fuego consumió el *Ring Theatre* de Viena y fallecieron 384 personas en la catástrofe. Se representaba *Los cuentos de Hoffman*, de Offenbach. Wagner comentó el suceso: "Cuando perecen mineros por el fuego, en el profundo socavón, siento la pena más profunda, pues ellos nos están proporcionando luz y energía pero no siento compasión por esos que murieron por asistir a la representación de una obra que no tiene ni pizca de arte musical". Wagner afirmaba que todas las óperas de Richard Strauss debían ser condenadas al purgatorio. Mientras escuchaba *El caballero de la rosa* exclamó: "¿Durante cuánto tiempo va a continuar ese falso contrapunto?" Agregó que se trataba de una combinación de mal gusto y vigor. Chaikovski se permitió decir: "En Berlín escuché una obra de un nuevo genio alemán, Richard Strauss. En mi opinión ninguno ha desplegado jamás tan escandalosa y pretenciosa falta de talento".

Rimsky-Korsakov, luego de repasar la partitura de *Don Quijote*: "Que vergüenza es este Richard Strauss".

Ya conocemos las opiniones de Rossini sobre algunos de sus colegas. No siempre esas relaciones fueron amistosas. Se mostraba enemigo de la música de Wagner: "Wagner tiene buenos momentos pero malos cuartos de hora".

Rossini fue llamado el "Mozart de la gastronomía" y a veces se vio mezclado en enredos enojosos.

Entre los honores que recibió Rossini en sus últimos años estuvo su designación como miembro de la comisión que fijó la afinación estándar. La comisión estaba conformada por cuatro funcionarios, dos físicos y seis compositores: Berlioz, Meyerber, Auber, Rossini, Halevy y Thomas. En 1859 se estableció que la nota *la* correspondía a 435 vibraciones por segundo. Verdi se quejó de que tal afinación era muy baja y Rossini respondió que él no había asistido a ninguna de las sesiones del comité. Verdi se mostró indignado y llamaba irresponsable a Rossini. Berlioz también estuvo disgustado por la actitud de Rossini, no asistió a la mencionada comisión, y después "se lavó las manos". Rossini no podía quedarse herido sin defenderse de Berlioz... se vengaba cuando le preguntaban que opinión tenía sobre la *Sinfonía Fantástica* de Berlioz. Respondía siempre: "Lo mejor que tiene es que no es música". El más alabado de los compositores operáticos, Verdi, encontró oposición entre sus colegas, además de los ataques recibidos desde las columnas periodísticas. A ello nos hemos referido ampliamente en el Capítulo 4 (Siglo XIX, fecundo y agitado).

Fue una alumna de Chopin, Madame de Fleurville, la que descubrió el talento de Claude Debussy y orientó sus primeros pasos. A los once años de edad el joven ejecutó un concierto del compositor polaco. A los dieciocho entró en contacto con Madame von Meck -la famosa protectora de Chaikovski- y fue contratado por ella. La gran dama comunicó a Chaikovski: "Debussy tiene buena técnica pianística pero su ejecución no denota personalidad absolutamente ninguna". Sin embargo, la protección de esta rica señora le permitió a Debussy visitar Rusia, Austria e Italia y ponerse en contacto directo con la música de vanguardia.

Debussy, el más destacado de los compositores franceses, encontró escollos en su camino. Sus innovaciones siempre causaron extrañeza en los músicos de la anterior generación. *Images*, obra exquisita, fue censurada por la Academia. Entre las obras de Debussy, la de aparición más resonante fue la de *Pelleas* y *Melisenda*.

La presentación se hizo histórica por los hechos que le rodearon: Aplausos, risas, gritos, abucheos, pleitos. El compositor criticó la actuación del pianista Alfred Cortot como director de orquesta, y escribió el siguiente comentario: "Cortot es el director francés que ha adoptado con más éxito la usual técnica pantomímica de los directores alemanes".

Maurice Ravel era refinado, cordial y a veces desdeñoso, cuidadoso en extremo de su apariencia física y de su atuendo. Nunca obtuvo el Premio de Roma, pero sí un doctorado *Honoris causa* de la Universidad de Oxford. Aficionado a la buena mesa, dijo al finalizar un viaje por los Estados Unidos que no había podido encontrar ni degustar un buen vino. Era un amante del lujo, un *gourmet* que comía moderadamente y animaba la ocasión con una conversación inteligente. Erik Satie ridiculizaba sus pulidas composiciones y compuso valses que claramente se referían a *La Valse* y a los *Valses nobles y sentimentales*. Igor Stravinsky hacía notar que necesitaba mucho tiempo para escribir una obra. Por su meticulosidad le llamaba "el relojero suizo"… le recordaba su ascendencia helvética.

Stravinsky recibió andanadas de compositores y músicos. Adorno dijo que su música provocaba neurosis y Cocteau sostenía que carecía de méritos. *El Musical Times* expresaba en 1923 conceptos parecidos. El compositor Constant Lambert, por su parte, sostenía que en *La historia del soldado* no encontraba sino una "sucesión de notas".

Anton y Nikolas Rubinstein fueron músicos muy importantes con orientación pedagógica. Anton fundó el conservatorio de San Petersburgo. Nikolas, el de Moscú. Ya esto sería suficiente para darles cabida en la historia de la música. Pero… el miembro menos brillante del grupo de Los Cinco, Cesar Cui, propagaba que Anton no podía ser considerado compositor ruso, si acaso era un ruso que componía música, ¡Y que el Conservatorio de San Petersburgo había sido fundado para poner la música rusa bajo el yugo de los generales alemanes! Todo lo anterior hizo decir a Anton Rubinstein que se sentía raro en su país, que los rusos lo consideraban alemán y los alemanes lo tenían por judío, que los ortodoxos le tenían ojeriza por la misma causa y que le perseguían además porque no se había aliado a los músicos nacionalistas, representados especialmente por *Los Cinco*.

Piotr Ilich Chaikovski, en representación de los llamados "académicos" por su apego a la tradición, se encargó de dar respuesta a esos ataques. En carta dirigida a la señora von Meck (5 de enero de 1878), decía que los miembros de ese grupo eran autosuficientes, pedantes que no creían que había que estudiar la composición porque la escuela mataba la inspiración, secaba la creatividad. "Cui es diletante, Borodin tiene menos talento que Cui, Mussorgsky tiene talento pero necesita estudios y Rimsky desperdicia su talento. El importante es Balakirev pero se ha silenciado prematuramente para que los demás puedan ser escuchados".

Balakirev era inclemente con los que discrepaban de sus opiniones... y los llamaba pillos, pelagatos o tunantes. Antisemita, acusaba a los judíos de haber crucificado a Cristo. Orgulloso, rechazó una pensión que le otorgó la gran duquesa Elena Pawlowna. A favor de Balakirev se cuenta la fundación de una escuela de canto para mujeres, con cursos gratuitos. Amante de los animales admiraba a su perro por su docilidad y su tendencia al amor frecuente.

Y cuando un insecto lo perturbaba procuraba capturarlo vivo y lo ponía en libertad a través de la ventana más próxima. Trataba con menos afecto a Mussorgsky, a quien consideraba un débil mental.

Balakirev sufrió depresión en su juventud, se aisló y se ganaba la vida como profesor de piano. Entre sus alumnos sobresalió Glazunov, joven excepcional que estrenó su *Primera Sinfonía* a los diecisiete años de edad.

Egocentrismo mórbido fue el calificativo que puso el Congreso Musical de Rusia a la obra de Alexander Scriabin. El, por su parte, divulgaba su concepto sobre las obras de algunos de sus colegas. La música de Chaikovsky le era intolerable, reconocía la importancia de Beethoven, pero su música no le inspiraba respeto. En cambio, mostraba admiración hacia la música de Wagner. Scriabin se burlaba de los amigos que elogiaban las obras de Massenet.

Sergei Prokofiev no tuvo suerte con sus profesores. Una de sus maestras, la Esipova, conceptuó luego de un año de enseñanza: "Ha asimilado mi método solo en escasa medida. Es muy talentoso, pero más bien tosco". Las calificaciones de Prokofiev en el Conservatorio nunca fueron sobresalientes. *El Diario de Petersburgo* recibió desconcertado el *Segundo Concierto para piano y orquesta* de Prokofiev. Afirmaba que el público había salido del teatro diciendo que era música de locos, aunque unos pocos críticos proclamaron que era genial. Cuando Shostakovich escuchó su cantata *Alejandro Nevski*, dio su concepto a la prensa: "A pesar de una cantidad de momentos asombrosos, no me gustó esa composición en su conjunto, rompe normas estéticas, hay demasiada música ilustrativa, físicamente fuerte". Rachmaninov intrigó para que la Editora de Música no publicara *la Suite Escita*, por tratarse de "música bárbara, descaradamente innovadora y caótica".

Por su parte, Prokofiev opinaba que los conciertos de Rachmaninov eran encantadores el primero y el segundo, pero que el tercero era "seco, difícil y nada atrayente".

Como el pianista austriaco Paul Wittgestein había perdido su brazo derecho en la primera guerra mundial encargó a Prokofiev la composición de un concierto para piano y orquesta para la mano izquierda. La obra de Prokofiev mereció el siguiente comentario de Wittgestein dirigido al compositor: "Gracias por el concierto pero no entiendo ni una sola nota y no lo ejecutaré". (Wittgestein ejecutó repetidas veces los conciertos para la mano izquierda compuestos para él por Ravel, Hindemith, Richard Strauss, Korndgold y Britten).

Cuando Prokofiev componía sus conciertos para piano, sostenía que eran admirables los conciertos de Beethoven y Rachmaninov, buenos los de Chaikovski, Liszt y Saint-Saens, y poco interesantes los de Chopin, Schumann y Brahms, que los de Chopin no aportaban nada a la orquesta, que los de Schumann no la trataban adecuadamente y que los de Brahms no despertaban ningún interés.

La *Primera Sinfonía* de Sergei Rachmaninov, bajo la dirección de Glazunov, fue un fracaso en su estreno. Cui la comentó: "Si hubiera un Conservatorio en el infierno, si un alumno hubiera sido encargado de escribir una sinfonía sobre las siete plagas de Egipto y la hubieran encomendado a Rachmaninov, habría cumplido su cometido brillantemente y hubiera deleitado a los habitantes del infierno".

La *Segunda Sinfonía* de Rachmaninov fue ejecutada con éxito en 1901, y pronto el pianista viajó a los Estados Unidos. En este país fue mal recibido como pianista. Prokofiev fue uno de sus críticos. Y cuando Rachmaninov compuso su *Segundo concierto* para piano lo envió a su amigo Morozov. Este opinó que era "deficiente y seco". El compositor lo dejó en su forma original y ese es su concierto más aplaudido en todo el mundo.

Estaba Stravinsky en el momento crucial de su carrera (1908) y se encontró con Diaghilev en Petersburgo. Ambos admiraban la música de Chopin; así nació el ballet *Las Silfides*, tan aplaudido en París. Le siguieron los éxitos de *El pájaro de fuego* y *La consagración de la primavera*. Posteriormente *Apolo Musageta* fue anatemizado por Prokofiev: "El material ha sido robado en los bolsillos menos honorables: Gounod, Delibes y Wagner, y aún Minkus. Fue armado con gran habilidad y destreza para producir aburrimiento".

Los venerados maestros de la música no han sido respetados... El director de orquesta británico Beechman dijo de la obra de Bach: "Mucho contrapunto y, lo que es peor, contrapunto protestante.".

Afirmó Prokofiev: "La profesora Esipova insistía en que tocara música de Mozart, Schubert y Chopin, y yo no podía comprender como podía malgastar su tiempo en Mozart". Sobre éste repetía el famoso pianista Glen Gould: "Mozart fue un mal compositor que murió muy tarde y no prematuramente como algunos creen". Y sobre la *Sinfonía cuarenta* del salzburgués: "Contiene ocho compases maravillosos seguidos por media hora de banalidad".

María Callas se permitía decir que la música de Mozart era aburrida.

Janacek afirmaba que la música de Beethoven nunca le había gustado y que su obra era "esencialmente imperfecta".

Auric se preguntaba y se respondía: "Beethoven... ¿Qué su música algún día va a ser valorada como sucedió cien años antes con la de Bach? ¡Imposible! Me da risa la pregunta".

Batallas operáticas

Desde los primeros pasos de la Ópera se presenciaron enfrentamientos entre compositores, cantantes y críticos. Y el público disfrutaba la música y se regocijaba con las rivalidades y mezquindades que salían a la luz pública.

El éxito de la ópera *Orfeo* de Claudio Monteverdi entusiasmó a los melómanos italianos: Nacieron teatros, surgieron compositores y cantantes destacados. Monteverdi fue objeto de críticas y comentarios adversos. Giovanni Artusi fue el autor de un panfleto contra el compositor exitoso, en el cual se comentaba su estilo desfavorablemente. Monteverdi le contestó en el prólogo de su *Quinto libro de madrigales*, afirmando que la música era -además de consonancias y disonancias- un matrimonio entre el oído y la inteligencia. Los ataques empeoraron la salud del gran creador, ya afectado por la viudez, las obligaciones familiares y la situación económica. Siguió empleando en sus óperas las disonancias, *los glissandos y los pizzicatos*.

Un caso serio fue el protagonizado por Domenica Cesarini a mediados del siglo XVII.

Participó en un plan para eliminar a una cantante rival y fue encarcelada.

En 1726, Faustina Bordoni, cantante ya sobresaliente, protagonizó un episodio violento en escena cuando se representaba la ópera *Alessandro*. En 1727 se enfrentó la misma Bordoni con Francesca Cuzzoni en el curso de una presentación de la ópera *Astianati*, de Bononcini. Hubo agresiones físicas y el público de Londres pagó un boleto y se divirtió el doble con la música y el boxeo. El episodio ocupó a la prensa y animó las discusiones de las reuniones sociales. Y hasta fue incorporado a la *Ópera de los mendigos* y, en forma más directa, a la farsa musical titulada *Reinas rivales*.

La Cuzzoni no era bella, pero su voz era sorprendente. Se casó con Sandoni, compositor y fabricante de clavicordios. Luego de su última correría -poco exitosa- por Alemania e Inglaterra regresó a Italia. Empobrecida, fue acusada por envenenamiento y deudas, apresada y encerrada en Bolonia. Allí transcurrieron sus últimos días.[28]

Los varones no se quedaban atrás. El cantante Felici di Giardini cantaba una ópera de Jomelli. El compositor le daba instrucciones que el divo no acataba. En pleno escenario Jomelli abofeteó a Giardini.

En 1752 se estrenó *La serva padrona* de Pergolesi, con la actuación de un grupo denominado *El grupo de los bufones*. Grimm elogió a estos italianos mientras criticaba a los franceses por sus "obras artificiales". Lo mismo decía Rousseau. El comentarista J.B. Jourdan sostenía opiniones contrarias. El enfrentamiento se hizo cada vez más enconado, los manifiestos circulaban profusamente, las arengas enrarecían el ambiente.

Iba transcurriendo el tiempo, la querella fue perdiendo actualidad, quedaron resentimientos y resquemores, y los "bufones" abandonaron París en 1754. Veinte años después renació la contienda.

Christoph Willibald Gluck fue el epicentro de los acontecimientos. Alemán, nació en 1714, hijo de un guardabosque. A los catorce años viajó a Praga, donde se desempeñó como organista.

---

28 SADIE, S. (1992). *The New Grove Dictionary of Opera*. Londres: MacMillan Press.

Continuó sus estudios musicales y trató de establecerse en Viena y Milán, ciudad donde dio a conocer su primera ópera.

Llegó Gluck a Londres en 1741. Allí conoció a Haendel, quien tenía poco aprecio por su música. Se le atribuyen a Haendel frases desobligantes ("...sabe más música mi cocinero que Gluck"). Sin embargo mantuvieron relaciones amistosas.

Ya en 1752 encontramos a Gluck en Viena dando a conocer nuevas obras. Con libreto del poeta Cazalbigi compuso *Orfeo* y *Euridice* (1762) y *Alceste* (1767). Fueron bien recibidas estas óperas. *Paridi y Elena,* por el contrario, fue acogida fríamente.

En 1774, veinte años después de atenuada la guerra de *"los bufones"*, llegó Gluck a París y presentó *Ifigenia en Aulide*, y *Orfeo*. La controversia entre italianizantes y afrancesados se encendió de nuevo cuando se estrenó su ópera *Armide*.

Disgustado porque Gluck estaba desplazando a los italianos, el Embajador de Nápoles gestionó el viaje de Niccolo Piccini a París. Los compositores de moda tuvieron que enfrentarse.

La querella de "los bufones" llegó a su fin cuando Gluck salió triunfante en combate musical. Tenían que escribir los dos rivales una ópera sobre el mismo tema: *Ifigenia en Tauride*. Gluck se llevó los aplausos, Piccini regresó a Italia.

Gluck era conflictivo, arrogante. Frecuentemente hablaba mal de sus colegas y estos de él. Sostenía que era mucho más fácil escribir una ópera que ejecutarla, debido a la incompetencia de los cantantes. Los franceses estimaban que era descortés, poco educado porque comía y consumía vino sin moderación. Su aspecto no tenía nada de distinguido, tanto que el pintor Mannlich decía que el que lo veía por primera vez no podía sospechar que era un hombre de talento. Uno de los rasgos de su conducta ordinaria en la mesa era el de acaparador. Se adelantaba a servirse las mejores porciones de cada plato. Con los músicos de la orquesta era excesivamente exigente, los hacía repetir y repetir un pasaje hasta que el sonido fuera satisfactorio, era un perfeccionista a ultranza.

Con los músicos de Viena tuvo Gluck enfrentamientos violentos. Y sobre su temperamento, dijo Romain Rolland: "Fue insensible a la adulación, pero mostraba entusiasmo hacia sus propias obras. Quería a poca gente: a su esposa, a su sobrina y a algunos amigos- pero sin demostraciones externas, sin sentimentalismos... En esto se parecía a Rameau..."

En público, Gluck mostraba un aire serio y solemne, pero rápidamente enfurecía... Le faltaba autocontrol, era irritable, inapropiado para la vida social. Hablaba crudamente hasta llegar a la vulgaridad...

Murió Gluck en Viena en 1787. Ya se le reconocían sus méritos, la reforma de la Ópera y el equilibrio entre la música y el drama.

Los *castrati* participaban activamente en la Ópera y sus enfrentamientos con los compañeros de escena fueron innumerables. Trataban de ridiculizar a sus acompañantes, hacían caso omiso del director de orquesta, desafiaban al público. Con las cantantes, especialmente, tuvieron discusiones, empujones y desaires.

En la vida ordinaria los *castrati* seguían algunos comportándose como seres sin ley ni control. La historia recoge muchos lances protagonizados por estos varones privados de sus atributos, pero beneficiados por el entusiasmo de los melómanos. Algunos casos son verdaderamente curiosos...

Cafarelli era soberbio y pretencioso... En 175 fue invitado a la corte de Luis XV de Francia y allí se lució en óperas de Hasse y otros creadores.

El arrogante cantante fue llevado hasta los tribunales por agresiones, conducta impropia, posturas indecentes y burlas al público. Una riña escandalosa con su rival Reginelli lo hizo salir del país anfitrión.

Por enfrentamientos con los miembros de la orquesta tuvo problemas Giovanni Mansuoli.

Por insolentes, éste y Giovanni Carestini fueron llevados ante un juez italiano.

Incidentes menores acompañaron la conducta de Guadagni, Valluti, Pacherotti, Chiarini, Bernachi y otros.

Siface (alias de Francesco Grossi), actuó en la capilla papal del siglo XVIII. También estuvo al servicio del duque de Modena. Arrogante, desafiante y caprichoso, se adelantó a las divas de la era moderna en materia de cancelación de presentaciones. Se negaba a actuar si hacía mucho calor o mucho viento, si llovía o iba a llover. Fue asesinado cuando se envolvió en un *affaire* indiscreto con un allegado a la destacada familia Marsilli.

Los líos amorosos sorprenden a los historiadores:

Maria Coswa, en Londres, abandonó su hogar y se marchó con Luigi Marchesi. El castrado Cortona luchó por un permiso papal que le permitiera contraer matrimonio.

Senesino contrajo matrimonio en Irlanda con Dora Maunsell. La familia de la desposada logró que fuera encarcelado y, sin embargo, le atribuyeron dos hijas.

Según registros civiles, contrajeron matrimonio los castrados Fillippo Finazzi con Gertrude Steinmetz, Tenducci con una irlandesa.

Cuando Haydn visitó Londres por primera vez tuvo la peor impresión de los asistentes a la Opera. Dejó escrito: "El teatro es muy oscuro y sucio, escasamente tan grande como el teatro de la Corte de Viena. La gente de la galería, como en todos los teatros, es muy impertinente. Da rienda suelta a su impetuosidad. La platea y los palcos algunas veces tienen que aplaudir mucho para obtener un *encore*. Eso fue lo que sucedió esa noche, con el dueto en el tercer acto, que fue muy bonito; y los pros y los contras iban dando vueltas un cuarto de hora hasta que finalmente la platea y los palcos ganaron y se repitió el dueto. Los dos cantantes de pie en la escena, prácticamente aterrorizados, primero se retiraron y luego volvieron a aparecer ante el público".

Años después Weber dirigió una de sus oberturas dentro del mismo ambiente descrito por Haydn. Moscheles tuvo la misma impresión cuando ejecutó uno de sus conciertos para piano en el Covent Garden.

Wagner nunca tuvo éxito en Francia. Estuvo allí cerca de tres años tratando de entronizar sus óperas *Rienzi* y *El holandés errante*. Estas primeras tentativas fueron infructuosas.

Después de sus aventuras revolucionarias llego a París en busca de aplausos para *Tannhauser*. La obra fracasó porque la dirección fue deficiente y los cantantes poco contribuyeron al éxito, en especial la intérprete de Venus, muy obesa y de escasa habilidad escénica. El emperador Luis Napoleón y su consorte Eugenia asistieron a la primera representación. El público poco aplaudió. En la segunda noche hubo desorden en la escena, ocasionado por los gritos de los asistentes que no dejaban escuchar ni a los cantantes ni a la orquesta. En la tercera noche hubo además situaciones ridículas, como el desfile de finos perros que habían sido dados en préstamo por el emperador. El público, burlonamente, ovacionaba a los animales, pero no a los cantantes. Wagner salió de Francia y hablaba mal de sus habitantes, así como de su mal gusto en materia musical. Una de las ideas del compositor fue escribir una especie de drama corto que trataba de la derrota de los franceses a manos de los prusianos en 1870. La obrilla se llamaba *La rendición*. No alcanzó gran difusión ni fue llevada a las tablas.

La Ópera de París siempre mostró altibajos económicos. El déficit en 1827 ascendió a un millón de francos. Surgió un posible salvador del desastre económico: Veron. Este empresario había estudiado medicina y publicó un tratado sobre enfermedades de los niños. En la última actividad se equivocó al practicar una sangría (abrió una arteria en vez de una vena) y se retiró.

Sobrevivió con la venta de la *Pasta Pectoral Renault*, y se hizo rico. Tomando otro rumbo se dedicó al periodismo y fundó en 1829 la *Revue de París*. Dos años más tarde fue nombrado director de la Ópera de París por Luis Felipe, sin que nadie supiera cuáles eran sus méritos musicales. Veron fue sucedido por Roqueplan y Duponchel. Berlioz decía que dos chinos sabían más de música que ellos, y que lo más sorprendente era que los dos se declaraban seguros del éxito de su misión.

El mismo Berlioz estuvo poco después en Milán y asistió a una representación *L 'Elissir d'amore* en el Teatro Canabiana. Durante la función la gente hablaba en tono y en volumen elevados, sin consideración a los cantantes. A continuación lo que dijo el compositor francés: "La gente estaba comiendo, jugando en los palcos, etcétera. En consecuencia viendo que a la gente no le interesaba oír nada de la obra -lo que resultaba novedoso para mí- salí del teatro; saco en conclusión que a los italianos solamente les interesaban las arias, el resto no valía nada para ellos... La música para los italianos es un placer de los sentidos y nada más. Para esta noble expresión de la mente ellos tienen difícilmente más respeto que por el arte de la cocina".

Chaliapin fue invitado a cantar la ópera *Mefistófeles*, de Boito, en la *Scala* de Milán.

El cantante no conocía la obra y no sabía el italiano. El director iba a ser Toscanini, quien ya tenía fama de estricto y malgeniado. No obstante, los ensayos transcurrieron normalmente. Como es natural, la ciudad estaba entusiasmada con el debut de un cantante famoso, los boletos se vendían rápidamente, las calles adyacentes a la *Scala* estaban abarrotadas. Y alguno le dijo al cantante que por costumbre un debutante debía pagar una buena suma a la *claque* para que el espectáculo se desarrollara sin "incidentes" (gritos, silbidos, abajos, etc.). El aplauso estaba garantizado en esta ocasión con un centenar de boletos más mil francos. Chaliapin no se dejó chantajear, se presentó furioso a la gerencia dispuesto a cancelar la presentación. Se brindó a los cantantes protección, aunque la tensión no se disipó por completo. En el curso del primer acto se escuchó un estruendo y todos creyeron que provenía de un explosivo. En realidad se trataba de gritos orquestados por un grupo de agitadores. Después la presentación volvió a su cauce normal y al final no se oyeron protestas ni gritos destemplados. Eso, en Milán, equivalía a un triunfo. "Más tarde me dijeron que aún las claques aman el arte", refiere Chaliapin en su *Autobiografía*.

Un personaje curioso en la historia de la Ópera de Nápoles fue *La Billington*. Así llamaban los napolitanos a esta cantante inglesa patrocinada por Lady Hamilton, la famosa amante del almirante Nelson. Actuó con éxito allí desde 1794, pero después de una erupción del Vesubio la gente sostenía que esa desgracia era un castigo del cielo por haber permitido la actuación de esa inglesa "herética". El marido de la cantante falleció repentinamente. Se dijo que había sido envenenado, y se sospechaba de la diva, muy cortejada por los caballeros de la ciudad. Las presentaciones de *La Billington* llegaron a su fin. En esos comentarios participaba la rival artística de la británica, Giuseppina Grassini.

La señora Rossini cantaba en el Teatro de Trieste. Su compañera en la escena era la Grassini, de quien se decía que mantenía un romance con Napoleón. El público estaba dividido en la admiración de las dos cantantes. Una noche La Grassini recibió murmullos de desaprobación, se desmayó y la representación fue suspendida. Cuando reapareció, urdió una venganza contra la señora Rossini, a la que creía culpable del fiasco, y la claque se encargó de la retaliación. La señora Rossini se desmayó, como era costumbre en tales situaciones. Lo único que calmó la ira de los "grassinistas" fue la presencia en la escena del pequeño Giacomo Rossini, encargado de "revivir" a su progenitora. Nadie pensó que ese niño de diez años iba a ser el rey indiscutible de la ópera del siglo XIX.

Rossini también tuvo que enfrentar grupos vociferantes. Paisiello había compuesto una ópera titulada *El Barbero de Sevilla*. Cuando Rossini estrenó la suya, los admiradores de Paisiello organizaron el boicot a la nueva obra.

En la época sucedían hechos similares en toda Italia. En el Teatro Regio de Parma el tenor Alberico Curioni cantaba en la Ópera *Zaira*, de Federici. Fue abucheado, y el cantante respondió al público con actos obscenos. Hubo trifulca y el cantante fue arrestado.

Dos años más tarde el empresario del mismo teatro fue arrestado por conducta similar.

En París se acuñó el término *claque*, que viene del verbo *claquer*, que significa aplaudir por dinero. Cada cantante protegía a un grupo de agitadores que lo aplaudía y desaprobaba ruidosamente el desempeño de sus rivales. Curiosamente había "especialistas" en esta actividad. Los que trataban de preparar el terreno previamente, levantando el ánimo de los espectadores.

Otros llamados "comisarios" intervenían en las conversaciones y comentarios de los asistentes o entre ellos intercambiaban ideas en voz alta (siempre ensalzando las virtudes de su cantante). Y había otros más ruidosos especializados en pedir los bises de las arias más lucidas.

En Viena había especialistas en Mozart, en Wagner, en Mahler. Dividían sus preferencias.

Hubo en Viena un famoso director de claque llamado Joseph Schostal, quien llegó a ser muy apreciado y hasta amigo de los cantantes. En ocasiones les hacía prestamos de dinero en momentos difíciles. Imponía disciplina a sus huestes y así aseguraba el éxito de su gestión a favor del cantante que le pagaba.

Otto Stieglitz también fue director de claque muy notorio en la capital austriaca.

Un caso curioso fue el del director Clemens Kraus, quien prohibió la actuación de la claque, pero se rumoraba que secretamente recompensaba a sus componentes.[29]

En Viena, Mahler tuvo que luchar contra esa "institución", si así puede llamársele.

29 BROOK, S (1995) *Opera a Penguin Anthology*. Londres: Penguin Books.

En Nueva York se organizaron grupos similares, casi todos alrededor del *Met*, para proteger y realzar a los cantantes italianos. El valet de un tenor italiano era señalado como el alentador de esta costumbre.

Se rumoraba que algunos empresarios, cantantes y compositores, se aliaban a la claque y le indicaban cómo debían actuar, los momentos en que debían aplaudir, abuchear, o hacer silencio. El interesado y el jefe del grupo (en París fue famoso Pere David), dirigían a los bulliciosos... Meyerbeer fue acusado de participar en estas prácticas, según *Memorias*, de Paulina Viardot- García, eminente cantante del siglo XIX.

Funcionaban en Nápoles en la primera mitad del siglo XX dos grupos de aficionados que formaban alboroto en el curso de las representaciones, vivando al que les pagaba, silbando al que no lo hacía. Caruso visitó la ciudad y supo que una de esas claques estaba manejada por el que se hacía llamar *Principe Adolfo di Castagneto*. Su rival se llamaba *Cavalieri Monaco*. Emisarios de uno y otro bando visitaron a Caruso y le solicitaron dinero por sus "servicios". (La obra: *L'Elissir d'amore*). Aunque los señores de la claque no recibieron paga, sus demostraciones fueron relativamente benignas. Y cuando Caruso cantó *Una furtiva lagrima,* todo el mundo pudo escucharla y aplaudirla.

De todas maneras fue una velada tensa, algunos estaban aterrorizados ante la perspectiva de un atentado. (Lo cual no hubiera sido novedad). En la estación del ferrocarril, el famoso tenor dijo: "Nunca más cantaré en Nápoles, cuando venga en el futuro será solamente para comer espaguetis".

Una obra que ocasionó disturbios en la Ópera fue *Pelleas y Melisenda*, de Debussy. El libreto fue escrito por Maeterlinck y la cantante inicialmente escogida era Georgette Leblanc, amante del libretista. Pero cuando Debussy escuchó a la británica Mary Garden, quedó encantado con su voz y decidió que ella actuaría en el rol protagónico, con el consiguiente disgusto de Maeterlinck, reflejado en la prensa. Mary Garden triunfó, pero el público manifestó opiniones diversas. El compositor fue atacado por los periodistas. Le llamaron "anarquista musical" y entre los asistentes hubo empujones, paraguazos, insultos...

Enfrentamientos nunca olvidados entre las estrellas del firmamento operático fueron los de Minnie Hauk con Etelka Gerster, Geraldine Farrar con Emma Destinn, Nelly Melba con Luisa Tetrazzini. Una larga lista de conflictos.

Renata Tebaldi se enfrentó con María Callas y también con el gerente Rudolf Bing. Cathy Berberian no podía ni escuchar el nombre de Renata Tebaldi o de Monserrat Caballé. Nelly Melba se enfrentó a Tita Rufo.

Caruso y La Trentini no simpatizaban, y más tarde se amaron. El galán se portaba desdeñosamente con su pareja y se insultaban.

Caruso y Geraldine Farrar se enamoraron, pero ella nunca pudo abandonar sus aires de supremacía y se fue del *Met*.

Emma Eames abofeteó en escena a Kathi Sanger-Bettaque (Met, *Lohengrin*, 1905).

Franco Corelli era presa de pánico escénico en cierta etapa de su carrera. Temperamental, en el curso de una escena se desarrollaba un duelo a espada (*Don Carlo*, de Verdi). Luego de un encontronazo fortuito, Corelli atacó furioso a Christof. El mismo Corelli, enfurecido, en una ocasión atacó a un espectador en plena representación de una obra.

Y el tenor David Poleri protagonizó una batalla real con el director de la orquesta ¡y abandonó la escena para no volver jamás!

El orgullo de estos magníficos artistas no tenía límites. Una diva exigía al Covent Garden honorarios exorbitantes. Los encargados del presupuesto estaban aterrados por la actitud de la cantante, que además era bella y atractiva. El gerente, exasperado, exclamó: "Caramba, pero si todo lo que le pedimos es que cante". Cuando Mahler llegó a la dirección de la Ópera de Viena, en los carteles y anuncios de las funciones aparecían los nombres de los cantantes en gruesos caracteres. El nombre del director muchas veces no era mencionado. Mahler acabó con esta tradición.

En alguna ocasión Toscanini hizo algunas indicaciones a Geraldine Farrar durante un ensayo, ella se atrevió a decirle: "Recuerde que soy una estrella". Toscanini le respondió: "No conozco más estrellas que las del firmamento y esas no se equivocan nunca".

La gran Nellie Melba era una defensora a ultranza de sus privilegios. Era la unica diva que tenía camerino exclusivo en el Covent Garden. Thomas Beechman decidió acabar con esta situación, y ello ocasionó un serio conflicto entre directivos y Melba. Tuvo ella un altercado con la joven austriaca Fritzi Scheff. En la representación de *La Boheme*, Fritzi iba a cantar una nota muy alta. Nellie Melba emitió esa nota desde fuera del escenario. Fritzi se desconcertó, pero continuó su actuación. En el intermedio las dos cantantes se agredieron físicamente... Y Fritzi no volvió a escena para el tercer acto. Después de larga espera, el gerente enfrentó al público y en compensación ofreció una intervención a cargo de Melba: la scena de la locura de *Norma*. Nellie Melba fue ovacionada hasta el delirio.

En la interpretación de un dúo, Caruso emitía quejidos cada vez que se acercaba a Nellie Melba y ella, confundida, no sabía qué camino tomar. Al fin se dio cuenta de que Caruso se estaba sirviendo de un pequeño juguete de caucho para hacer reír y equivocar a la diva. Solo Caruso podía darse la satisfacción de retar a esa cantante. Lo relatado sucedió en la Ópera de Montecarlo.

Chaliapin llevaba sus demostraciones de superioridad hasta el abuso... En una ocasión cantaba Fausto, de Gounod, al lado de un tenor de pequeña estatura. Chaliapin era gigantesco y tomó al pequeño tenor por la cintura y lo colocó encima de un banco. Después explicó que para cantar debía estar frente a frente con su *Fausto*. Chaliapin fue un Mefistófeles memorable, tanto por su voz como por sus facultades dramáticas.

Hombre de elevada estatura, robusto y lleno de vida, tenía Chaliapin tendencia a la hipocondría. Antes de una función podía afirmar que estaba enfermo y generalmente le creían. El mismo contó en sus apuntes autobiográficos un episodio divertido: Se había declarado enfermo poco antes de la iniciación de una función. Una doctora llegó a su habitación. Alta, corpulenta y con gruesos anteojos, la doctora intimidaba, lo acostó boca abajo y esgrimió un clister. Muerto de miedo el cantante se curó en forma instantánea y comenzó a gritar: "Ya estoy bien... ya me visto y corro al teatro, puedo cantar muy bien esta noche"

El mismo cantante protagonizó un serio incidente cuando se preparaba la representación de *Mefistófeles*, de Arrigo Boito, bajo la dirección de Toscanini. Decidió Chaliapin salir a escena casi desnudo, a lo que Toscanini se opuso rotundamente. Hubo las consiguientes amenazas de retiro, discusiones acaloradas... y al final, el bajo debió vestir las prendas diseñadas por los coreógrafos. Lo anterior sucedió en Italia. Más tarde Chaliapin hizo lo que quiso en Nueva York, y salió a escena su Mefistófeles semi desnudo.

Se criticó a Chaliapin por sus altas exigencias en metálico. El bajo ruso explicó: "Es que tengo muchas bocas que alimentar". Sabemos que tenía a su esposa en Rusia con varios hijos, mantenía relaciones amorosas con dos o tres damas en América, y él mismo gastaba en exceso en comida y bebida. Cuando reclamaba más dinero al Covent Garden, el empresario trató de bajarle los humos con estas palabras: "Pero señor Chaliapin, usted quiere tanto dinero como una soprano, y ni siquiera es tenor".

Se quejaba el cantante porque los médicos sostenían que el cigarrillo era fatal para su voz: "Siento deseos a veces no por un cigarrillo, sino por fumar una docena al tiempo...Tengo sueños sobre esa prohibición... sueño que la temporada ha terminado, que fumo plácidamente mientras pesco... pero mis temporadas parecen no acabar nunca y los peces siguen esperándome".

En otra ocasión Chaliapin estaba en desacuerdo con el tempo con que el director de la orquesta adelantaba la representación de la ópera *Mefistófeles* en el Covent Garden de Londres... y se retiró de la representación cuando iba la obra por la mitad.

Gigli, con su voz aterciopelada y dulce, no podía faltar en los anecdotarios de la Ópera. Cantaba en Nueva York en 1925, en compañía de la temperamental María Jeritza. Entre los dos existía visible antipatía. La obra era *Fedora*, de Giordano. Durante los ensayos nada ocurrió, pero en la primera representación la Jeritza comenzó a mostrarse hostil; cada vez que cantaba el tenor, ella lo oprimía para que no pudiera lucirse. Hasta el público percibía la hostilidad que existía entre los dos famosos artistas.

Los tenores con frecuencia muestran signos de egolatría. Ravelli, tenor, estudiaba su papel en una ópera llamada *El renegado*. En ella, en un duelo entre el tenor y el barítono, este sale victorioso. Ravelli desistió de la obra porque encontraba absolutamente ilógico que un barítono pudiera ganar a un tenor. El empresario le explicó que la obra se ajustaba a una novela y que no se podía alterar el argumento. Y el tenor respondió indignado: "Entonces para que necesitan un tenor si no va a cantar durante toda la obra" Al fin Ravelli aceptó las cosas, siempre y cuando al morir su cuerpo fuera recogido con toda pompa por seis hombres vestidos elegantemente, y estos tenían que actuar con la mayor solemnidad ante la muerte de un tenor.

Ravelli, en la ópera *Carmen*, iba a emitir una nota alta, y Carmen (Minnie Hauk), lo abrazó fuertemente en ese preciso instante; la nota no fue exacta, los dos protagonistas forcejeaban, cayeron los botones del chaleco del tenor... y el público creía que la escena hacia parte del libreto. Finalizado el acto el cantante amenazaba a Hauk con su potente voz, y el director general prolongó el intermedio. Ravelli se calmó y la función llegó a su final.

Pero el esposo de Minnie Hauk escribió una severa carta al gerente del teatro y el asunto pasó a estrados judiciales. En las funciones posteriores, Ravelli creía que Minnie iba a repetir su abrazo y esta que el tenor subía armado al escenario.

Cuando el tenor Antonio Guiglini se declaró indispuesto antes de una función en Londres, el empresario lo reemplazó por un cantante de inferior categoría, pero acordó con los periodistas que dijeran que su voz era soberbia. Ante tantos elogios al suplente, el tenor Guiglini dejó sola a la dama que había llevado a veranear a Brighton y volvió de prisa a Londres para cumplir sus compromisos. ¡Se había curado como por milagro!

Los Gassier eran una pareja de cantantes contratados para algunas funciones en La Habana. Un buen día decidieron declararse impedidos y se fueron de paseo. El empresario recurrió a las autoridades de la isla y los perezosos fueron capturados y llevados al teatro por la policía. Sin embargo, los artistas no cantaron. El parecía impávido mientras ella sollozaba. Finalmente las autoridades les impusieron una multa de cien dólares a cada uno, una suma apreciable en 1857, año de este acontecimiento.

De María Callas podemos recordar que era una artista deslumbrante, que las fallas de su voz eran superadas por su musicalidad, que era inteligente y enigmática, que era una gran cantante y la que más despertó pasiones, arrobamientos, protestas y rechazos. Contradictorias reacciones de un público que no la olvida… Estaba invitada a una recepción a la que asistirían altas personalidades italianas. Su representante le dijo que la prensa le dedicaría algunos renglones. " ¿Y si no asisto?" dijo ella. "Sera un escándalo y se hablará mucho de ti" respondió su interlocutor. María se abstuvo de concurrir a la recepción, la prensa la llenó de calificativos desagradables... "Y ella fue feliz"...

El caso más sonado que protagonizó María Callas fue cuando representaba *Norma*, de Bellini, una de las obras que ella cantaba con más éxito. A la función había asistido el presidente de Italia, Gronchi. Después de un triunfal primer acto la Callas se negó a salir a escena, decía que había perdido la voz. La audiencia esperó durante una hora. El presidente salió del teatro, pero carecía de transporte porque el chofer, atenido al horario habitual, paseaba con una amiga. Los periódicos italianos y extranjeros comentaron el insuceso. Después de la fracasada función, la Callas se hizo ver por varios doctores. Su esposo, Giovanni Battista Menenghini, decía en todos los tonos que la enfermedad era real, "Una inflamación de las cuerdas vocales con complicación bronquial". El superintendente de la Ópera supo que el día anterior a la función, la Callas había aparecido en la televisión a altas horas de la noche, y divulgó un comunicado prometiendo una severa investigación. María Callas se vió obligada a escribir una nota explicativa al presidente de Italia.

"Durante los ensayos de *I Vespri Siciliani* se suscitó una grave disputa entre mi esposa y el maestro Kleiber..." comienza un relato del esposo de María Callas. La cantante dejó de asistir a un ensayo, que ella no creía obligatorio, y dijo que se había excusado previamente, pero ante un director de orquesta autoritario y exigente, las excusas no valen. Discutieron en forma acalorada, y el maestro le dijo: "Espero no solo sensibilidad y sinceridad artística, sino también una educación elemental". La diva exigía excusas, el maestro era inflexible. Cuando las cosas se enfriaron y la ópera ensayada fue un triunfo, las relaciones volvieron al cauce normal.

Menos dramáticos, pero teatrales, fueron los enfrentamientos de la Callas con Giuseppe di Stefano y con Enzo Sordello... Este se atrevió a señalar a la Callas un error en la interpretación de *Lucia de Lammermoor*.

Las relaciones de María Callas con Renata Tebaldi fueron tormentosas. Su esposo escribió en sus *Memorias* sobre la "exasperante rivalidad entre las dos".[30]

Antes del debut de María Callas en la *Scala*, ella y la Tebaldi realizaban una gira por Brasil, patrocinada por un señor Pinto, acaudalado promotor y ciudadano de poco tacto en el trato con los artistas. Entre ellos se encontraban, además de la Callas y la

---

30 MENENGHINI, G.B. (1985). *Mi mujer María Callas*. Mexico, D.F.: Javier Vergara Ed.

Tebaldi, cantantes de la calidad de Tito Gobi, di Stefano y Boris Christof. Las dos cantantes alternaban en los mismos papeles y el público, como es natural, estaba dividido en sus opiniones. Cuando el empresario invitó a los artistas a colaborar en una función de beneficencia se convino que cada uno cantara un aria y que no habría ni un bis, arreglo que fue violado por la Tebaldi, quien ofreció dos melodías más. Las buenas relaciones entre las dos divas llegaron a su final.

La representación de *Tosca* en Rio de Janeiro no alcanzó los niveles esperados, y el señor Pinto reemplazó a la Callas por la Tebaldi. Y la Callas, en el colmo de su furia, llegó al despacho del promotor, lo insultó y lo golpeó con fuerza. El empresario amenazó con llamar a la policía. La empresa inmediatamente entregó los pasajes aéreos y sus honorarios a la diva y, aunque Meneghini puso fin a este episodio, faltaba el acto final, el más teatral y bullicioso: Cuando Renata Tebaldi cantaba *Aida* (*Chicago*), la claque deslució su actuación con gran alboroto, salpicado de rechiflas. Nadie dudaba que María Callas estuviera detrás de ese boicot, uno de los más resonantes de la historia de la Ópera.

Recordemos un telegrama que Pavarotti envió a José Carreras cuando este convalecía de su leucemia. El mensaje, a primera vista cariñoso y elevado, decía: "Mejórate pronto, no quiero quedar sin rival". (En el fondo el italiano quería decir que Plácido Domingo era inferior a él y no lo consideraba un digno émulo).

Kattleen Battle se enfrentó al director del *Metropolitan* de Nueva York, quiso imponer sus puntos de vista y no pudo volver al prestigioso teatro. Comenzó entonces su ocaso.

Roberto Alagna fue mal recibido en una representación de *Aida* en Milán (1989). Alagna abandonó el teatro antes de dar fin a la función, y fue despedido. Su esposa, la cantante rumana Ángela Georgiu, quiso proceder como su marido, y no asistió a varios ensayos de *La Boheme* en el Teatro Lírico de Chicago. Como explicación, sostenía que ella no necesitaba de ensayos para triunfar

en esa obra. Su contrato fue cancelado. A la excusa principal añadió otra muy pueril: Que su esposo iba a actuar en Nueva York
en *Aida*, al lado de Anna Netrebko, y ella tenía que estar a su lado
para elevarle la moral.

Caruso, Gayarre, Fleta, Mario del Mónaco, no dejaron de ser fan-
farrones hasta que la edad arruinó sus cuerdas vocales.

En este mundo dominado por las emociones, el aficionado esti-
mula el ego de los tenores, sus caprichos y odios. "La Ópera crea
y vive del divo, el monstruo cantor..."

La adoración del público llega al paroxismo. En el Teatro Colón
de Buenos Aires, Plácido Domingo recibió una ovación final
que duró una hora. La policía tuvo que protegerlo de la efusión
de sus admiradoras.

Estas calurosas demostraciones acrecientan la autoestima de los
cantantes y son el origen de rivalidades enconadas. En el pen-
tacentenario del descubrimiento de América (1992), hubo una
millonada en medio de la rivalidad: José Carreras dominaba en
Barcelona, Plácido Domingo imperaba en Madrid y Sevilla y, además, cobraban honorarios altísimos. Alfredo Kraus, tenor nacido
en Las Canarias, quedó por fuera. Kraus, en un principio, no fue
invitado a participar en los festejos.

La rivalidad antigua se acentuó cuando el canario dijo que lo de
las Termas de Caracalla había sido más circo que arte. Ahora que
estaban de por medio millones de dólares, se presentó la oportunidad de vengarse del tenor demasiado franco... y lo desestimaron.
Kraus declaró para la prensa: "Las excusas que me dan son pueriles
y falsas, mi exclusión es una descortesía. Fue un error nombrar
cantantes en activo para seleccionar a los que debían cantar en
el V Centenario. Yo creo que hay un juego de intereses enorme".

Los cantantes se apropiaron del poder. Carreras, aliado a Mont-
serrat Caballé, y su hermano empresario, se apoderaron del Liceo
de Barcelona. Plácido Domingo se volvió el más influyente en el
Teatro de la Zarzuela y en la Maestranza de Sevilla.

Otro motivo de discordia fue la concesión del premio *Príncipe de Asturias*. Los candidatos eran inicialmente Victoria de los Ángeles, Monserrat Caballé y Alfredo Kraus. Pero hubo intrigas, padrinos y políticos. Y el importante premio fue concedido a los tres nombrados y, además, a Plácido Domingo, Pilar Lorengar, Teresa Berganza y José Carreras. Esa séptima parte del premio que siempre se concede a una sola persona no satisfizo a nadie. Victoria de los Ángeles se sintió lesionada y declaró para la prensa: "El premio *Príncipe de Asturias* es para una sola persona, lo de los *siete magníficos* me parece de película y fuera de lugar".

En resumen, en 1992 había una gran torta a repartir... millones disponibles entre la Feria de Sevilla, las Olimpiadas de Barcelona y Madrid, la capital cultural de Europa en 1992. "Ante tanto dinero, sumado a la fama y a la repercusión internacional, nada tiene de extraño que los cantantes mordieran en vez de cantar", afirmó un cronista.

En Italia el ambiente de la ópera es agitado y la situación no es nueva.

El 26 de diciembre de 1968 se representaba en Parma *Un ballo in Maschera*, bajo la dirección de Karajan. La soprano Luisa Maragliano fue abucheada y los cantantes se retiraron de la escena. Al cesar el tumulto fueron regresando prudentemente a sus posiciones, pero el tenor norteamericano Cornell MacNeill fue herido en el rostro y abofeteado por un espectador.

En Berlín y Viena, en la misma década, melómanos, cantantes y empleados de los teatros atacaban a los funcionarios. De Salzburgo se decía que había crecido una "mafia a la sombra de Mozart".

En Berlín Daniel Barenboim se enfrentaba a los administradores. La música de la *Scala de Milán* estaba orientada por Ricardo Muti. A pesar de su excelente gestión, el público disminuía y el presupuesto y los sueldos fueron recortados. Los afectados gritaban y manchaban las paredes con *graffitis* ofensivos. Un decreto de Silvio Berlusconi, entonces jefe de gobierno de Italia, fue tildado de "Decreto infame", y cantantes y miembros de la orquesta se presentaron a una función en traje de calle...Un periodista escribió que el mandatario abominaba la buena música y que estaba asesorado por un gabinete "conformado por muchachas atractivas, modelos *topless*, higienistas y finalistas de torneos de belleza".[31]

Y no podía faltar el encontronazo del director artístico y la gerencia. Muti hablaba de algunos teatros famosos, su poca calidad y sus "propósitos mediocres". Obviamente, se refería a la *Scala*.

Los verdaderos melómanos vieron con alivio la presencia en la *Scala* de Daniel Baremboin, pianista excelente y brillante director de orquesta. Apenas designado, a fines del año 2011, se programó para su debut una presentación de *Don Giovanni* de Mozart, con un elenco estelar: Anna Netrebko como *Donna Anna*. Bryn Terfel como *Leoporello* y Barbara Tritolli como *Donna Elvira*.

---

31 CONDI, O. (2010 septiembre) , The Force Of destiny. Londres: BBC Music.

Implacables
críticos musicales

Son muchos los compositores que han sufrido los ataques inmisericordes de periodistas especializados en música. Estos se sienten en la obligación de ser exigentes e inflexibles.

Eduardo Hanslick (Praga, 1825-Viena 1904) fue el primer crítico musical importante. Incorruptible, versado en el arte musical, culto y apasionado en grado sumo. Sus afirmaciones eran rotundas y por eso Verdi lo llamaba "El Bismarck de la música".

Chaikovski estrenó su famoso concierto para violín, y este crítico manifestó en la prensa: "Se trata de una curiosa combinación de originalidad y crudeza, de ideas felices con pasajes llenos de afectación... el violín no es tocado sino destrozado..."

Hanslick elogiaba a Clara Schuman y atacaba a Brahms y a R. Strauss.

Anton Bruckner, el afamado compositor austriaco, pensaba que la crítica destructiva de Hanslick le había hecho perder mucho dinero. Le pidió a la Filarmónica de Viena que no ejecutara sus obras para que el crítico no las destruyera. Y hasta le envió una carta al Emperador para que impidiera los ataques despiadados que recibía. El seráfico Bruckner fue al fin aclamado en Viena y recibió honores en Austria y otros países.

El gran literato británico George Bernard Shaw fue además crítico musical brillante y polémico. Tenía ideas propias acerca de la crítica musical. Sostenía que el crítico podía ser apasionado y mostrar sus preferencias y que no estaba obligado a ser imparcial. Así pudo declarar públicamente que Paderevski no era el mejor pianista de su época, que era "monstruosamente vigoroso" y que su habilidad consistía en destrozar pianos.

Según sus opiniones, la mejor música concebida era la de Mozart hasta que apareció la *Sinfonía Eroica* de Beethoven. Desdeñaba las obras de Rossini, Donizetti y Bellini. Y no apreciaba la ópera francesa aunque, curiosamente, recomendaba escuchar un aria de Delibes (*Lakme*), "una bella tontería". De Brahms encomiaba sus obras menores pero no sus sinfonías. Según él, su peor obra era el *Réquiem alemán*. Las obras de Menselssohn, Chaikovski y Verdi no le inspiraban respeto.

Mozart no se salvó de las críticas injustas. El comentarista Giuseppe Sarti escribió para la prensa austriaca: "De estos dos cuartetos, K42 l y K465, debo decir que el compositor, a quien no conozco ni quiero conocer, es solo un pianista con oído degenerado".

Max Graf, compositor y crítico musical, decía en el *Magazín* de la *Música* sobre Mozart: "Es el mejor pianista que he oído; pero es una lástima que en sus ingeniosas composiciones vaya tan lejos en busca de lo nuevo y así descuida los sentimientos.

Sus nuevos cuartetos, dedicados a Haydn, están muy condimentados, y el paladar no puede soportarlos mucho tiempo".

Schneider, critico de ópera de Berlín, no vaciló en pontificar en la siguiente forma: "Vanidad, excentricidad, fantasía, de eso se hizo *Don Giovanni*, no con el corazón".

El *Semanario Musical* dijo que "*La flauta mágica*" había fracasado en sus primeras presentaciones debido al espantoso enredo de su trama.

Idomeneo fue estrenada en Munich. Los periódicos registraron el suceso tardíamente y algunos omitieron el nombre del autor.

Cuando se presentó *El rapto del serrallo*, en Hannover (1878), apareció un largo comentario en *La hoja dramatúrgica*. Después de elogios a Mozart, se decía que la música era demasiado seria y que la obra carecía de unidad; además del empleo excesivo de los cobres. Algunos críticos afirmaron que se trataba de una opereta, no de una ópera.

En el mes de mayo de 1804 la revista vienesa *El mundo elegante* afirmó: "*La Segunda Sinfonía* de Beethoven es un tosco monstruo".[32]

Otra revista de la capital austriaca, *Der Freimutige*, decía a sus lectores el 11 de septiembre de 1806: "Recientemente se ofreció la obertura *Fidelio*, de Beethoven, y todos los músicos imparciales están de acuerdo en que nunca se ha ofrecido una música tan incoherente, caótica y ofensiva al oído".

La prensa parisina no se quedaba atrás. Las hojas de *Polimnia* difundieron el siguiente texto: "Beethoven, quien es a menudo grotesco y barroco, toma el majestuoso vuelo del águila y se estrella contra el sendero rocoso. Primero llena el alma con suave melancolía y entonces nos entrega acordes bárbaros. Y después parece que aterrizan al mismo tiempo palomas y cocodrilos".

El concierto para violín y orquesta del renano fue ejecutado por primera vez por Clement, casi a primera vista y luego de un precario ensayo con la orquesta. *La Gaceta* musical de Viena se expresó así del evento:

"Fue ejecutado por el admirable violinista Clement un concierto de Beethoven que fue recibido con aplausos por su belleza manifiesta. Los entendidos admiten que hay mucha belleza en él, pero sienten que la continuidad parece completamente interrumpida y que la continua repetición de pasajes triviales puede resultar cansona".

32 SLOMINSKY, N. (1987). *Lexicon of Musical Invective*. University of Washington. Press, Seattle.

Sobre la *Sinfonía Pastoral*, la Sexta, dijo el *Harmonicon* de Londres: "Las opiniones están divididas sobre los meritos de *la Pastoral*, aunque todos están de acuerdo en que es muy larga. Solo el *Andante* dura más de un cuarto de hora y, por ser una serie de repeticiones, debe ser sometido a un acortamiento sin que se viole ninguna norma y para que el compositor haga justicia a los oyentes".

La nota anterior está fechada en junio de 1823. Y en 1824 El *Harmonicon* afirmaba que cada día lo que escribía Beethoven era más oscuro, algo propio de su excentricidad. Criticaba sus "melodías repulsivas que dejan perplejo tanto al crítico como al melómano".

Los que no escribían para la prensa también desestimaron al gran compositor en la primera etapa de su vida. En una ocasión el joven compositor decía que le fastidiaba su trato con los editores, que Goethe y Haydn escribían, y sus obras eran impresas inmediatamente. Un noble protector, Griesinger, le respondió: "Mi querido jovencito, no debe usted quejarse, pues no es Goethe ni Haydn, y no puede esperar serlo, porque gente de esa talla no volverá a nacer".

Dada la incuestionable altura de la música de Beethoven, era de esperarse que las generaciones futuras respetarían su nombre. Sin embargo en el *American Art Journal* del 25 de abril de 1886 encontramos estos denuestos: "La obra total de Beethoven da la impresión de una mente desequilibrada y de mórbidos sentimientos que van llegando a la misma enfermedad".

En carta de John Ruskin a un amigo decía que la música de Beethoven siempre le había sonado como un saco de tornillos. Y Phillip Hale, en el *Musical Record* de Boston, afirmaba en 1899 que la *Novena Sinfonía* era desagradable, el *scherzo* demasiado largo e insufrible y el *Finale* falto de gracia...

Liszt tuvo que soportar vejámenes e insultos, como los del magazine *Mundo musical*: "Ni los pintores de la Edad Media tuvieron que conjurar algo equivalente a los ruidos de Franz Liszt. Los instrumentos parecen haberse vuelto locos. Si la sinfonía *Fausto* es música, es música degenerada".

Sobre la misma obra dijo *Revista musical* de Nueva York en 1880: "Puede ser la música del futuro, pero más parece la cacofonía del presente".

En Boston dijo *El Correo* (1882) sobre la sinfonía *La Divina Comedia*: "Debemos protestar por haber brindado esta sinfonía a los aficionados inteligentes... en la obra parece que el infierno es mejor que el cielo".

Brahms encontró muchos atacantes en su camino al éxito. Entre los más agresivos se encontraba Hugo Wolf, un buen compositor que se dedicó a la crítica musical para subsistir. En su nueva posición comenzó a atacar a Brahms, ya respetado por el público vienés.

Cuando se estrenó la *Obertura trágica* apareció este comentario firmado por Hugo Wolf: "*La Obertura Trágica* de Brahms nos trae a la mente la entrada de un fantasma de Shakespeare, representando a un criminal. No sabemos a quién ha asesinado Brahms en la *Obertura Trágica*".

Resulta digno anotar la unanimidad que ofrecieron los críticos de Boston ante las sinfonías de Brahms. En el mes de enero de 1873 el *Evening Transcript* dijo que en la *Primera Sinfonía* no encontraba sino repeticiones y rigidez en la forma y el ritmo. Y *la Gaceta* hizo un análisis más detallado sacando en conclusión que la *Primera Sinfonía* de Brahms "es pesada y carece de inspiración".

¿Que se decía en francés sobre la obra de Brahms: "Los cuartetos de Brahms para instrumentos de cuerda no tienen sentido, no resisten análisis... En esta música hay una lucha constante entre los instrumentos, una lucha irritante y fatigante, no hay un momento de reposo para el espíritu o para los dedos". (*Miscellanées Musicales*, 1884).

Anton Bruckner, nacido en 1824 en Ansfelden, Austria, fue un niño precoz que ejecutaba el violín y el órgano. En el Monasterio de San Florián avanzó en sus estudios musicales. Allí se ejecutó su *Requiem* en 1849. Hizo varios viajes para escuchar la música de Wagner. Este elogió cortésmente su *Primera Sinfonía*. Establecido

Anton en Viena como profesor del Conservatorio, hizo esfuerzos inútiles para difundir sus primeras obras.

El reconocimiento a sus méritos comenzó en Berlín y luego recibió honores académicos.

Imaginemos su desconsuelo cuando un escritor anónimo dijo que era el más grande peligro musical, "un anticristo tonal". Y un crítico muy conocido afirmó: "Interminable, desorganizada y violenta, la *Octava Sinfonía* de Bruckner nos lleva a una horrorosa extensión. No es imposible que el futuro pertenezca a este estilo de pesadilla, un futuro que nosotros no envidiamos".

Gustav Dompke firmó gustoso sus impresiones (marzo 22 de 1886): "Retrocedimos horrorizados ante el pútrido olor que llegaba a nuestras narices debido a un putrefacto contrapunto".

Wagner ha sido uno de los compositores más atacados. El famoso músico Ferdinand Hiller, su compatriota y contemporáneo (vivió entre 1811 y 1885), afirmó por escrito: "EI libertinaje de *Los maestros cantores de Nuremberg* es el asalto más furioso que se ha hecho al arte, el buen gusto, la música y la poesía".

Y Heinrich Dorn, en el rotativo *Montag Zeutyng*, dijo en 1870 que el final de la citada ópera no superaba a la música de los organilleros de Berlín. El mismo comentarista musical firmó lo siguiente: "La desgracia de Wagner es que no solo se toma él como el Dalai Lama en persona, sino que, además, cree que sus desechos digestivos son una emanación de una inspiración divina".

En Francia no pudo triunfar Wagner, se enemistó con colegas, empresarios y periodistas. El resultado de sus actitudes saltó a las páginas de la prensa. Auber escribió en *Le Menestrel* (27 de septiembre de 1863) lo siguiente: "Wagner es un Berlioz sin melodía".

F. Scudo dijo en L' Année Musical (Paris 1862): "Cuando Wagner tiene una idea, lo que es raro, está muy lejos de ser original; cuando no tiene ninguna, es único e inaguantable".

Hemos leído en un respetable diario la transcripción de un comentario de la revista muniquesa *Vaterlan:* "La primera escena de *El oro del Rhin*, en el fondo del rio con ninfas nadando y cantando... fue calificada nada menos que de "putacuario".[33]

Damos fin a los comentarios sobre el compositor alemán con un apunte gracioso de Oscar Wilde (de *El retrato de Dorian Gray*): "Me gusta la música de Wagner más que la de cualquier otro. Es tan ruidosa que uno puede hablar todo el tiempo sin que la gente oiga lo que uno dice".

Y hubo quien le llamara "judío"!!!!, lo que constituyó la peor de las ofensas para el compositor.

"El rumor de la ayuda económica de Paganini a Berlioz nos aviva el deseo de saber cuántas ideas musicales existen en este Beethoven redivivo. He gastado una larga mañana estudiando la *Sinfonía fantástica*... Su enorme *Sinfonía* es una Babel, no una Babilonia de la música". Esto expresó a sus lectores Chorley en *The Athenaeum* de Londres el 23 de marzo de 1839. Casi simultáneamente dijo Fétis de la música de Berlioz: "Sus raras melodías están desprovistas de metro y de ritmo; y su armonía -reunión rara de sonidos no dignos de asociarse- no merece ese nombre".

Saint-Saens fue músico notable, escritor, pensador, aficionado a las ciencias. Niño prodigio, interpretaba sonatas de Mozart y algunos conciertos en la adolescencia, y fue organista de la iglesia de la *Madeleine*, en París. A los veinte años estrenó su primera Sinfonía.

Admirador de Liszt, reconocía los méritos de Wagner y trató siempre de divulgar la música francesa. Creador de obras profundas, es hoy más conocido por el *Carnaval de los animales*, una obra divertida.

Saint-Saens aspiró dos veces el Premio de Roma. La primera vez fue rechazado por joven; en la segunda ocasión porque ya era famoso.

33 BADA, R. (2010 12 de marzo). *El putacuario*. Bogotá, (Colombia): EL ESPECTADOR, Blog Cultura.

La ópera *Sansón y Dalila* fue estrenada en Weimar en 1877. La Ópera de París solo la aceptó en 1892.

El *Daily News* el 3 de junio de 1879 publicó: "En la *Danza macabra* Saint-Saens ha tenido el éxito de producir los efectos más horribles y repugnantes. Entre los instrumentos está el xilófono, que nos sugiere el choque de los huesos de un esqueleto".

El crítico Steven Runciman (*Saturday Review*, 19 de febrero de 1890), escribió: "Es nuestro deber odiar todo lo que es feo y vacío en el arte; y yo odio al compositor Saint-Saens con un odio perfecto". Posteriormente afirmó que todo lo de ese compositor era basura, mas basura que la de otros compositores.

Con Bizet la prensa no fue ni benigna ni comprensiva. El compositor recibió su primera satisfacción por *Carmen* en países extraños. En Alemania fue aplaudida esa ópera, recibida con escepticismo en Francia. Chaikovski opinó públicamente que *Carmen* era una obra maestra en el más estricto significado de la palabra. Y un filósofo renombrado, Nietzsche, agregó: "Esta música es endiablada, refinada, fantástica y conserva un sabor popular".

Oscar Comettant firmó esta nota: "El señor Bizet es un joven músico de incontestable valor, que escribe música detestable, uno de estos compositores que han abdicado de su personalidad para ungirse a Wagner".

La revista *Gaceta Musical de París* (mayo 26, 1872) nos da información suscrita por Paul Bernard: "Pasando por innovador y pensando en su afiebrado sueño de arrancar algunos rayos a la corona de Ricardo Wagner, Bizet se ha lanzado locamente en un torrente sonoro a riesgo de dejar allí sus alas de neófito y sobre todos los oídos de los espectadores... Comprendo que hemos avanzado mucho en el arte de escuchar disonancias y comer pimientos sin pestañear".

La música de Debussy originó críticas y gritos en los teatros. La suave melodía del *Preludio para la siesta de un fauno* fue interrumpida varias veces por silbidos. El estreno de *Pelleas y Melisenda* originó pleitos, aplausos, abucheos y escándalo. Debussy sabía de antemano que esto iba a suceder y organizó un pequeño escuadrón de adeptos para lograr la ejecución completa.

Arthur Pougian suscribió los siguientes conceptos en *Le Menestrel* (4 de mayo de 1902): "El ritmo, el canto, la tonalidad, he ahí cosas desconocidas para el señor Debussy y voluntariamente desdeñadas por él. Su música es vaga, flotante, sin color y sin contornos, de acordes perfectos al lado de quintas y octavas que le siguen ¡Que colección de disonancias!"

En la *Revue des Deux Mondes*, C. Bellaigue se declaraba de acuerdo con estos colegas, agregando que lo más original de Debussy era haber escrito una obra sin una frase musical ni una melodía.

La siesta de un fauno dio origen a comentarios igualmente desfavorables. En Boston (*Daily Advertiser*, 25 de febrero de 1904), se dijo que la obra era el mejor ejemplo de la "moderna fealdad" por sus espasmos erráticos y eróticos.

El francés Mauricio Ravel, (1875-1937), ya había dado a conocer *Jeux d'eaux* (1902) y las canciones agrupadas bajo el nombre de *Scherazada* (1903). Pero no se le concedió el Premio de Roma. Al año siguiente presentó, el famoso cuarteto de cuerdas en fa y, sin embargo, en 1905 no se le permitió concursar. En adelante se dedicó por entero a la composición musical y vivió relativamente apartado. Su pequeña y elegante figura aparecía en público pocas veces, el número de sus allegados era reducido. Algunos llamaron judío a Ravel, sin ninguna prueba.

De nuevo el nombre de Ravel estuvo en boca de los franceses cuando Jane Barhori cantó sus *Historias naturales*, que utilizaba versos de Jules Renard. Salió a flote el enfrentamiento soterrado entre "*debussystas*" y "*ravelistas*".

Entre estos sucesos (1907) y el estallido de la Primera Guerra Mundial, Ravel compuso muchas de sus mejores obras: *La Hora Espa-*

ñola, *Los valses nobles y sentimentales, La rapsodia española, Ma Mére L' Oye.* *Dafnes y Cloe* fue estrenada en 1912, con coreografía de Diaghilev. Durante la guerra sirvió en camiones que iban al frente y tuvo tiempo para componer *La Valse* comisionada por Diaghilev. Este pagó la suma convenida pero no la 11evó a escena. Y así terminó la amistad de estos dos artistas.

De su madurez datan el *Bolero* y dos conciertos para piano y orquesta. Entonces el gobierno de su país le concedió la Medalla de la Legión de Honor y él la rechazó. Aceptó a continuaci6n los honores que le rindió el gobierno de Bélgica. Y murió de un tumor cerebral en 1937.

> *"En su Cuarteto de cuerdas* el señor Ravel se contenta con un tema que tiene la potencia emocional de una de esas canciones que los curiosos pueden escuchar en el teatro chino". Esto se publicó en una importante revista parisina.

Fueron contradictorios los comentarios a las primeras salidas de Gustav Mahler en Nueva York. Emilie Bauer dijo lo siguiente en *The Mail* el 23 de septiembre de 1907: "Mahler será sin duda la figura más importante de la temporada musical". Walter Rothwell fue más rotundo: "Fue la estrella de la noche... nos enseñó lo que no sabíamos". Y *Tribune* comunicó lo contrario: "Los que esperaban algo nuevo de Mahler quedaron decepcionados... ¡hubo algunos cambios que solo acentuaron lo absurdo!".

Mahler debutó como director de la Sinfónica de Nueva York el 29 de noviembre de 1908. En su segunda aparición se ejecutó su *Segunda Sinfonía*. *Times* fue encomiástico en su comentario. Ya como director de la Filarmónica fue elogiado el 5 de abril de 1909 por *The Press*: "La primera experiencia de Mahler como director de la agrupación resultó una ocasión interesante. Dio la oportunidad a los neoyorquinos de escuchar la interpretación más vital y característica de la *Séptima Sinfonía* de Beethoven".

Mahler dirigió el estreno en América de su *Primera Sinfonía* el 16 de diciembre de 1909. Más tarde dirigió la *Cuarta*, y las dos inspiraron controversias.

Repasemos la crítica hostil de Krehbiel, de *Tribune*: "Si Mahler no fuera el director de la Sociedad Filarmónica, la ejecución de estas sinfonías merecerían solo unas pocas palabras". Pero el crítico musical del *Times* alababa la calidad de la *Cuarta Sinfonía*, apreciada por los asistentes como la más interesante. Así fue analizada la última presentación pública de Mahler, enfermo de gravedad. Falleció en Viena el 18 de mayo siguiente. Fue inhumado en la forma más sencilla, según su propio deseo.

Curiosa la actitud de la prensa italiana al expirar Mahler. Un periodista desinformado daba a Brunn como la cuna del Maestro. Y el triestino Mario Nordio (septiembre 1911) publicó esta desganada nota: "Se sabe que Mahler fue también compositor y compositor de importancia nada secundaria... Sus obras: ocho sinfonías... Es probable que lo que más quedara de él sea su recuerdo como director de escena".[34]

En *Heldenleben* (La vida de un héroe), Richard Strauss aclaró su posición en el mundo musical. La obra consta de seis movimientos llenos de disonancias. "¿Pero qué contrapunto es ese que cuando lo están ejecutando uno se imagina que cuatro diferentes orquestas están ejecutando al mismo tiempo cuatro obras diferentes en cuatro tonalidades distintas?" Esta nota fue firmada por Arthur Bird (*Musical Record*, Boston, mayo de 1899).

Sobre la misma obra opinó Louis Nelson en la misma ciudad (diciembre 1901): "No podemos considerar la idea de una obra en dos tonalidades diferentes... sería igual que un ferrocarril intentara sobrepasar a otro que va por el mismo carril".

Electra puso a decir a los críticos que el arte se había anarquizado y corrompido. ¡Para algunos era una obra simplemente neurótica e hipertiroidiana! De la misma obra dijo George Bernard Shaw. "En algunos pasajes parecía un concierto para seis tambores".

---

34 PRINCIPE, Q. (1986). *Mahler. Buenos Aires*: J. Vergara Ed.

El Boston Herald publicó en 1900 la siguiente nota: "El poema sinfónico *Así hablaba Zaratustra*, de Strauss, exige gran paciencia al oyente. La mayor parte es feo y por consiguiente contraría el principio de que el arte debe ser devoto de la belleza".

Sobre la misma obra dijo el *Daily Advertiser* de Boston: "Este caos se titula *Así hablaba Zaratustra*, pero Zaratustra susurra, ruge, pero no habla..."

Salomé es probablemente la obra de su género más criticada, atacada, ridiculizada y proscrita de la historia. Así debió esperarlo Richard Strauss desde el primer momento en que escogió el tema. Ingeniosamente, Louis Elson, de Boston, dijo en febrero de 1906: "Los cromatismos de *Salomé* comienzan en la segunda nota de sus partituras. A veces oímos los bajos en la tonalidad bemol y otros en tonos sostenidos, así que un precepto bíblico se cumple en la obra: No dejes que la mano derecha sepa lo que hace la izquierda´... y el compositor le da un nuevo significado".

Los músicos rusos han tenido que soportar la crítica de periodistas, el control del gobierno, la animadversión de sus colegas. Hablamos del siglo XIX y la primera mitad del XX. Hubo obras proscritas por el régimen, otras recortadas o modificadas arbitrariamente.

Innumerables músicos tuvieron que fugarse del país. De ellos el de mayor aceptación fue Chaikovski. Sin embargo, tuvo que afrontar la crítica de periodistas cotizados y la malquerencia de varios de sus colegas. *Su Concierto para violín* sufrió un verdadero viacrucis. Cuando estuvo listo lo brindó al célebre violinista Kotek, quien lo rechazó. La misma suerte recibió el ofrecimiento a Auer. Un ejecutante menos conocido, Brodsky, aceptó el encargo, y pasó a la historia... Previamente el *Concierto para violín* había sido rechazado por sus profesores.

Un conocido comentarista suscribió una crónica mordaz acerca del citado *Concierto para violín* de Chaikovski:

> "Tal obra musical ha sido confeccionada con pedacitos de frases pegadas, puede ser repulsiva y bárbara y no podemos

entender cómo la Filarmónica de Viena, que quiere ser defensora del clasicismo, de pronto ejecuta en sus conciertos este revoltillo sin gracia... Lástima que Brodsky tuviera que gastar su virtuosismo en esta afrenta contra el gusto artístico del público vienés. Y no le hace honor a Chaikovski haber rebajado la altiva musa del arte musical a nivel cultural de un conjunto musical gitano".

Y el docto Konigstem (diciembre de 1881), escribió en Viena que el concierto para violín en cuestión se constituía en la abolición de las formas musicales, como una rapsodia del nihilismo.

Modesto Mussorgski se educó en la Escuela de Cadetes de Moscú. A los dieciocho años publicó su primera obra musical y los melómanos comenzaron a hablar de su originalidad. En la edad adulta se hacía notar por su temperamento cambiante y su inconstancia. Más tarde por su alcoholismo. La obra que cimentó su inmortalidad, *Boris Gudunov*, fue rechazada en 1870 por el teatro oficial. Tuvo que modificarla y recortarla dos veces. Más tarde la orquestación fue revisada y objeto de adiciones a cargo de Rimsky-Korsakov. Los cambios no contribuyeron a la calidad de la obra, ya que se mutilaron trozos muy originales y se sustituyeron por pasajes académicos. En la actualidad se ejecuta en su concepción original que es más veraz, más vital.

El 18 de febrero de 1874, el diario *Saint Peterbursgo Vedemoste* informaba así a sus lectores: "Hay defectos básicos en *Boris Gudunov*, recitativos tajantes y discontinuidad en el desarrollo musical que ocasiona el efecto de un popurrí. Los defectos son la consecuencia de inmadurez, esa falta de autocontrol y de los métodos de composición apresurados". (Nota firmada por César Cui).

Rimsky-Korsakov recibió andanadas del famoso crítico Hanslick, ya mencionado, quien en Viena dijo en 1872 que "*Sadko* es música programática en su forma más descarada, un producto de cinismo combinado" En los Estados Unidos las opiniones eran del mismo tenor. En el *Boston Herald* hablaban de *Scherazada* como un compendio de confusión y cacofonía.

En Nueva York el *Musical Courier* decía a sus lectores: "Rimsky-Korsakov - vaya nombre sugiere unas barbas mojadas en vodka". Y el *Boston Globe* afirmó que la sinfonía *Antar* eclipsa tanto a Wagner como a Chaikovski con su orquestación misteriosa y sus efectos inarmónicos.[35]

W.J. Henderson dijo que el *Poema del éxtasis*, de Scriabin, tiene más convulsiones que la *Sinfonía doméstica* de Ricardo Strauss.

Sobre Shostakovich se escribieron elogios y se dispararon armas de todo calibre. Tuvo que sufrir la coacción de las autoridades soviéticas que querían controlar el cerebro de los artistas. Y así fue endiosado, anatemizado, canonizado, para ser enseguida enviado al Averno.

La guerra mundial, la segunda, había finalizado en 1945. Así comentó en Gran Bretaña E. Chapman la *Novena Sinfonía* de Shostakovich: "*La Sinfonía* invita al comentarista a abandonar la sala en estado de irritación aguda. Debe uno agradecer haberse ahorrado la ampulosidad y programática cruda de la *Leningrado* y la seudo - profundidad de la *Sexta* y la *Octava Sinfonía*".

En el *Cornegie* Hall se ejecutó el *Segundo Concierto* para piano y orquesta de Rachmaninov, dirigida por Mahler. El *New York Daily Tribune* le hizo elogios mesurados al evento, pero observaba: "La composición, a pesar de muchas bellezas, es demasiado larga... Hay un relleno en el primer y último movimiento que podrían ser suprimidos y seria ventajoso para la obra".

El *Word Telegram* dijo el 14 de enero de 1936: "La *Rapsodia* sobre un tema de Paganini algunas veces suena como una ola de insectos en la cuenca del Amazonas y algunas veces como una miniatura del Día del Juicio Final".

---

35 SLONIMSKY, N. (1987). *Lexicon of Musical Invective*. Seattle: University of Washington Press.

Fueron muchas y variadas las andanadas que recibieron obras famosas de Prokofiev, hoy alabadas y aplaudidas por el público de todas las latitudes.

Veamos que se dijo en Chicago, lugar de la primera presentación de la ópera *El amor por tres naranjas*: "Después de un estudio intensivo y mucha observación en los ensayos y en su presentación, alcancé a percibir el comienzo de dos melodías" (*Tribune*, diciembre 21, 1921).

Y en Nueva York, en el *Musical Tribune*, apareció este comentario: "Siberias desplomadas, volcán en el infierno, Krakatoa, deslizamientos en el fondo del mar. ¿Incomprensible? Así es Prokofiev".

Sibelius fue duramente criticado por la prensa especializada. Virgil Thomson conceptuó que la *Segunda sinfonía* era vulgar, desenfrenada y provinciana, más allá de toda descripción. (Nueva York, 1940).

Smetana fue víctima de los críticos musicales en más de una ocasión. Ritter dijo de *El muro del Diablo*:

> "Las tres representaciones a las que he asistido me han producido un malestar inexplicable. El texto es tan absurdo que da la impresión de ser la obra de un loco. La música puede ser encantadora, pero tiene poco aliento, una forma de rigidez extraña y de tics nerviosos que hacen que, sin darse cuenta exactamente de sus impresiones, no encontramos más placer que centro de una sociedad de atáxicos o de coreicos. De manera que no se llega nunca a la plenitud de la satisfacción musical".

El comentario es demoledor, excesivo, nada caballeroso. Parece que el crítico tenía una mente capaz de anticiparse a los hechos... Smetana fue internado, tiempo después, en el asilo del doctor Furtel.

En la primera edición del *New Grove* apenas nombran a Gershwin. Un musicólogo inglés declaró que *Rhapsody in Blue* era una obra "inepta". En su ciudad natal, el *Telegraph* demeritó *Un americano en París*.

Y en *Tribune* (Nueva York, 1924), se leyó: *"Rhapsody in Blue* es una obra inconsistente y convencional, con deficiencias en la armonía y el contrapunto... ¡¡¡ obra inexpresiva!!!"

El crítico y compositor Virgil Thompson afirmó de *Porgy and Bess* lo siguiente: "Un libreto que nunca debió ser aceptado sobre un tema que nunca debió ser escogido por un hombre que nunca debió intentarlo".

Para terminar mencionaremos a Herber Peyser (*Telegram*, 14 de diciembre de 1928). Afirmó Peyser que la mencionada obra era "una sola repetición vulgar y sin gracia que aburría a los oyentes... Este barato y tonto empeño nos parece estéril y alocado". En el mismo año Oscar Thompson (*Evening Post*) se refirió en términos humorísticos a *Un americano en París*, a la combinación de bocinas de automóviles y saxofones, tambores, xilófonos, e "inocentes cobres". Calificó la presentación de la obra como una bufonada banal. Lo más sorprendente son sus predicciones fallidas: "Dentro de veinte años nadie escuchará esta obra".

¿Son infalibles los críticos musicales?

Por regla general se reconoce en ellos conocimientos y buena fe. Son respetados por melómanos y músicos. Sin embargo, la historia revela casos sorprendentes. Las peores equivocaciones que han cometido pertenecen al campo operático.

Recordemos el fracaso de *La Traviata*. Su primera presentación fue deplorable para los críticos... Y luego se convirtió en la ópera más escuchada en todo el mundo.

La Boheme estuvo próxima al fracaso en su estreno, a pesar de la dirección de Toscanini. Ocurrió el 10 de febrero de 1896. Los espectadores se mostraron apáticos y los críticos hostiles. Carlos Bezecio, del diario *Stampa*, dijo que la música parecía escrita en forma descuidada y que los temas empleados no se habían seleccionado cuidadosamente.

¡¡¡Se representó *Tosca* y la prensa habló del fiasco del Maestro Puccini.!!!

Von Bulow, en calidad de crítico, mostró animadversión contra Verdi. Después del estreno del *Réquiem* dijo: "Todo el poder desmoralizador de Italia reside en Verdi, y este presentó su última ópera con rodaje eclesiástico. La obra es una monstruosidad pretenciosa, absurda y fea".

¿Óperas inmorales?

Ya en el tiempo de Lully existía censura para obras que "ofendían la moral". Su opera *Aquiles y Polixene* fue condenada al fuego por disoluta. El habilidoso peninsular escondió los mejores pasajes de la obra y así los salvó de la hoguera.

Las Bodas de Fígaro fue una ópera problemática. Basada en una obra teatral de Beaumarchais, trataba de los privilegios de los nobles. El Libretista Daponte tuvo que sostener entrevistas con los funcionarios austriacos y modificar el libreto antes de darle forma definitiva.

La Iglesia se sentía irrespetada por algunas escenas del *Fausto* de Gounod.

Tannhauser y Tristan e Isolda fueron llamadas indecentes.

La Traviata tuvo problemas con la iglesia británica y fue atacada en los púlpitos. Se publicó en Londres un folleto titulado *Anotaciones sobre la moral de las composiciones dramáticas, con referencia especial a La Traviata*. En París se dijo que la obra estimulaba la disipación de los jóvenes, y en Venecia fue ridiculizada porque la protagonista Salvini - Donatelli era obesa... La prensa dijo que la tuberculosis no puede cantar y menos por boca de una dama tan voluminosa.

La ópera *Don Giovanni*, de Mozart, mereció críticas por hacer de un libertino un protagonista.

Cuando Víctor Hugo publicó *El rey se divierte* fue acusado por inmoral. *Rigoletto* se basa en ese drama. Se hicieron modificaciones para franquear la censura austriaca en la ciudad de Venecia.

Los puritanos condenaban la seducción de Gilda y el cinismo del duque de Mantua. *La Gaceta de Venecia* afirmó que los personajes eran satánicos.

Sobre la representación de *Wozzek*, de Berg, dijo un periodista que en la función se sintió en un asilo de locos. *Lulu*, del mismo compositor, fue condenada porque su protagonista era abyecta y amoral.

Salomé, de Ricardo Strauss, ha originado problemas más serios. Costó la renuncia del gerente del Metropolitan de Nueva York.

Carmen era para los moralistas una vulgar cigarrillera que bailaba en forma desenfrenada. Al principio se criticaron el libreto y los personajes, y ni músicos ni cantantes la ayudaron a triunfar. Y Gounod y Manuel García decían que Bizet había plagiado algunas de sus canciones.

Para las cantantes ha sido el papel de Carmen un asunto peligroso. La primera cantante peleó con la dirección del teatro, odiaba a Bizet y luego se enamoró de él. La Ponselle se retiró de la escena porque su actuación fue criticada desfavorablemente. Minnie Hank fue la primera Carmen en los países de habla inglesa; un crítico dijo que interpretaba muy bien "el carácter impulsivo (y repulsivo) de los gitanos". De la interpretación de la austriaca Pauline Lucca se dijo que correspondía a una tigresa cruel. En Estados Unidos fue aplaudida en ese papel Emma Calvé y fue comparada con una pantera. Para una de las funciones en la Ópera Cómica de Paris ella compró cincuenta entradas y las regaló a auténticos gitanos. Ellos conceptuaron que estaban muy bien representados por la Calvé.

La Revista dramática y musical de Londres consignó en sus páginas una frase lapidaria: "Liszt ha escrito la música más fea que existe".

En París, en 1952, la publicación *Critica y literatura musicales* confirmaba la aseveración anterior: "Diremos muy pocas cosas de las composiciones de Liszt. Su música es casi inejecutable por alguien diferente a él, son improvisaciones sin orden y sin ideas, tan pretenciosas como raras".

Al otro lado del Atlántico dijo *Journal de música* (5 de noviembre de 1870): "Lo peor de todo, lo positivamente diabólico fue el vals *Mefisto*... Música simplemente infernal y borra cualquier rayo de luz del cielo cuando su música suena".

En los días que corren se escucha con deleite la música de Franz Liszt y todos los concertistas la incluyen en sus programas. Sus conciertos para piano y orquesta se ejecutan a menudo. En vida del compositor uno de ellos fue llamado "concierto para triángulo", a instancias del crítico Hanslick, y luego de su estreno en Viena en 1857 la obra parecía destinada a los museos. La joven y brillante pianista Sofía Menter se propuso llevarlo de nuevo al público a pesar de los consejos y la oposición del Maestro Anton Rubinstein. Sofía se hizo famosa ejecutando los hermosos conciertos.

"Chopin ha llevado muy lejos su peculiar sistema de armonía en la *Tercera Balada*. Únicamente la mejor de las ejecuciones puede reconciliar el oído con la crudeza de algunas de sus modulaciones. Esto no cambiará porque hace parte de la música de Chopin, quien somete a tortura los dedos del ejecutante, así el compositor aspira a ser grande y popular". Son palabras del famoso musicólogo Chorley, aparecidas en la revista *Atheneum* de Londres en diciembre de 1842.

En Alemania también se alzaron voces contra Chopin. Rellstab, muy autorizado crítico, dijo en la revista *Iris* (julio 5, 1833):

"En busca de disonancias extrañas, tortuosas transiciones, rústicas modulaciones, repugnantes contorsiones de la melodía y el ritmo, Chopin es incansable. Sorprende el empleo que hace de la originalidad extraña, las más extrañas tonalidades, los acordes y las posiciones más extrañas, la digitación rara. Y todo ello en las perversas mazurkas del señor Chopin".

El prestigioso *Time* aseguraba en abril de 1843 que el Concierto para piano y orquesta en fa estaba lleno de excentricidades que no producían mucho efecto. Más tarde sostenía: "Chopin fue esencialmente un compositor de gabinete, después de los nocturnos y mazurcas se convirtió en trivial e incoherente... el concierto para piano en mi menor es una seria de escalas, con dos o tres motivos bonitos y no más". [36]

Los diarios españoles y franceses critican acerbamente a los artistas consagrados. Con razón o sin ella.

R. Sola dijo a su público en enero de 2010: "Hay, desde hace mucho tiempo, perlas orientales dedicadas al cultivo del repertorio occidental. Los nombres de Seiji Osawa, del cuarteto de Tokio, de Midori, bastarían para demostrarlo. Pero no es oro todo lo que reluce... algunas de esas perlas son productos de una combinación fatídica. No es nada nuevo, y en el caso del piano se reduce a lo siguiente: velocidad más *marqueting*. Parece que es la receta del éxito. Recientemente degustamos el producto con Lang Lang y el pasado martes, con Yundi..."

Sobre su ejecución de la Sonata N°2 de Chopin nos dice: "Hubo roces (equivocaciones). Bastantes. No gustan mucho, pero Rubinstein también las tenía y, a pesar de ello, enamoraban. El pedal lo utilizó más para encubrirlos y enfatizar, que para colorear la música. La velocidad, desde luego, a porrillo. Como Lang. Pero con menor nitidez..."

Y R. Pujol, refiriéndose a un recital de Kiri Te Kanawa comentó: "Saber jubilarse a tiempo es difícil; en el caso de los cantantes, dificilísimo y larguísimo. Por término medio, un cantante pasa el primer tercio de su carrera en la incómoda situación de joven promesa, y el último tercio retirándose y haciendo "últimas actuaciones", y se da el caso de cantantes que han estado retirándose durante décadas. La soprano neozelandesa, nacida en 1944, anunció el pasado verano su retirada de los escenarios. En la Navidad pasó por Barcelona. En esa actuación, que quizá sea la última, aunque no se sabe, Kiri Tanawa estuvo arropada por un viejo conocido que también ha terminado su carrera, el tenor José Carreras, y por

---

36 SZULK, T (1988). *Chopin en Paris*. New York: Ed. Scribner.

dos colectivos, el Orfeo Catalá y la Orquesta Sinfónica de Valles, que no parecen tener intención de jubilarse...".[37]

Alan Gilbert, nuevo director asociado de la Filarmónica de Nueva York, no tuvo suerte en España. Antes de su actuación la prensa habló de "la mercadotecnia" de los norteamericanos. Y... "La orquesta se mostró como una máquina redonda, calibrada, aerodinámica, potentísima, con metales gloriosos... Un Ferrari sinfónico, vamos..."

Marie - Aude Roux comenta en *Le Monde* que el director escénico Peter Mussbach prometió ofrecer en la ópera *Norma* la gran pintura de *La sacerdotisa y prostituta*...

Los cantantes llevan su parte:

> La *Norma* de Lina Tetriani no desentona, pero no transmite emoción, el Pollione de Schukoff solo grita. Más convincente es el Oroveso (Nicolás Testé). El cálido timbre de Paulina Pfeiffer, vibrante Adalgisa, posee unos agudos que hacen palidecer a Norma.[38]

Francois Lafón se dedica a comentar los festivales musicales de su país, y lo hizo con la temporada operática del año 2005 en términos rigurosos. Habló de una reposición de obras de Britten y destruyó a la compañía que las representó. Y de una presentación de *El Barbero de Sevilla*, de Rossini, en Aix-en-Provence, dijo que había asistido a una "opereta del arte", con un Bartolo comiendo espaguetis hasta por la nariz y las orejas.[39]

Un comentario adverso a la Ópera de la Bastilla de París apareció simultáneamente en el mismo medio (*Le Monde*). El título anticipa el contenido: ¿*Faudrait - il voir la Force du destin*? En esencia dice que después del calamitoso *Fausto* de Gounod en septiembre,

---

37 Pujol, X. (2009). *Empezando a jubilarse*. Barcelona: El país (Diciembre 24).

38 ROUX, M-A (2010). *Une Norma sans aucune sensualité italianne*. Paris: Le Monde (Culture), Enero 26.

39 LAFON, F. (2005) *Un festival désenchanté*. Paris: *Le monde de la Musique*. (Septiembre).

la serie continúa en La Bastilla... "Debido a la defección del tenor argentino Marcelo Álvarez, se le reemplaza con el tenor serbio Zoran Todorovich, de voz afectada y que no tiene la tesitura ni el color vocal exigido para este papel. Otro rol importante se asignó a uno falto de cualidades".

Sobre la decoración de la ópera mencionada hay decisiva crítica contra los decorados, cortinajes con pinturas fuera de lugar y excesivas luces laterales. A continuación un paliativo: "los coros son magníficos..."

La escenificación de algunas operas del Wagner ha sido osada y espectacular en algunas ciudades de Europa. Con las protestas del público, los excesivos medios mecánicos, luces deslumbradoras, efectos cinematográficos, entre otros, los cantantes opinaban que eran ocasiones ellos pasan a segundo plano ante los artificios modernistas...

El mundo de la ópera se impone la excentricidad.

En el año 2010 el Metropolitan de Nueva York quiso homenajear a Wagner, tres años antes del segundo centenario de su nacimiento. Escogieron "El anillo de los nibelungos", se destinaron dieciséis millones de dólares a las festividades y se encargó a Robert Lepage su organización.

Se instaló un escenario futurista y complejo que ya en los trabajos iniciales era llamado La Máquina. Sobre sus paneles cambiantes, que iban girando a la vista de los espectadores, se proyectaban luces de neón, sombras, videos, montañas, caballos. Al finalizar la representación se encabritaban las bestias y se deshacían las estatuas de yeso que sustituían a actores de verdad, todo esto fue considerado inadecuado.

La Máquina, como ya era llamado el monstruo metálico, no era digno respaldo de la exquisita música, ni a la evocación de las valquirias, que eran transportadas a la Eternidad por brazos mecánicos en *El crepúsculo de los dioses*.[40]

40 WALESON, H. (2012 mayo 8). *The Machine at the end of the world*.New York: The Wall Street Journal. (Leisure and Arts).

En *Sigfried* se proyectan imágenes en tercera dimensión. Aparecen gusanos y moscas gigantes en la escena de la muerte del protagonista.

¡En *La Valquiria*, en el final, aparecen en el techo del escenario las llamas de neón!

"Lepage da poca importancia a los cantantes. El cantante Terfel, con sus grandes cualidades vocales y teatrales, sobreactúa en *La Valquiria*, a tal punto que el personaje que representa parece desdibujado. En el papel de Brunilda, Katarina Dalayman actúa con más aplomo que Deborah Voigt, que actuó en las primeras funciones, pero le faltan ánimos. Es vocalmente inconsistente y la voz es a veces inaudible y tiende a fallar en las notas agudas".

Un crítico musical de *Le Monde*, de Paris, es implacable con los artistas. De una representación reciente de *Tannhauser* en la Ópera de la Bastilla, califica al director de la obra, Mark Elder, de incapaz, y del resultado dice que es pálido, con una orquesta sin inspiración y unos cantantes con voz caduca. El título del artículo nos exime de otros detalles: *Tannhauser, autopsie d' une deception*.[41]

Recientemente apareció en *Le Figaro* un comentario, y el titulo hace innecesaria mayor explicación: *Crepúsculo escabroso*. Se refiere, obviamente a la obra de Wagner. Llaman al director de la obra "un desadaptado" (Gunter Kramer, alemán). Se dice allí que las voces brillaron, pero por lo demás: "escenario de pacotilla, sillas portátiles de cervecería bávara, anacronismos. Cuando un director tiene a su disposición buenos cantantes no tiene derecho a este desperdicio...".[42]

En los medios operáticos los críticos siguen repartiendo condenas y bendiciones. Una promocionada presentación de *Tannhauser* en España ha estimulado la crítica mordaz. Demos la palabra al señor Vela del Campo: "La inclusión de coreografía de Bollywood en

41 MACHART, R. (2011, 9 de octubre). *Tannhauser, autopsie d'une deception*. París: *Le Monde*.
42 DELETRREZ, F. (2011 JUNIO 10). *Crepuscule scabreux*. París. Fígaro Magazine.

pleno concurso de los Maestros cantores de *Wartburg* es la única nota de humor que el espectáculo tiene... La bacanal del comienzo de la obra, una escena tan dada a los excesos, transcurre con un esteticismo estilizado, fruto de una combinación de videos, alusiones acuáticas y grupos de desnudos en combinaciones elegantes, con unos cuerpos de mujer deslumbrantes..."

El comentarista finaliza con una nota irónica: "Y en pleno frenesí de bravos y abucheos acabó siendo ovacionada una esplendorosa Sofía Loren que se encontraba en un palco al lado de Giorgio Armani".[43]

Rigoletto de Verdi es motivo de crítica acerba en el *Met* de Nueva York. El escenario es instalado en Las Vegas, Nevada, y se muestra al espectador un ambiente de casino con máquinas tragamonedas, un automóvil resplandeciente, varones en esmoquin y no podía faltar una bailarina desnuda. El montaje fue ideado por Michael Mayer, y mereció alabanza y rechazo por la transformación que dio a la obra de Verdi en el año del bicentenario de su llegada a este mundo.

La mayoría consideró inapropiada esta "modernización de una de la obras más importantes de la lírica italiana. Los críticos la llamaron insolente, confusa y frustrante... Lo que si fue favorable para el gran Verdi fue el enorme público que tuvo la transmisión por TV a 1900 teatros de sesenta y cuatro países con una asistencia de millones de melómanos.

Un respetable crítico de arte, Drezner, recoge estas inquietudes: "El hecho es que la ópera requiere de algo más que bella escenografía y montajes espectaculares, y la queja de los cantantes es un reflejo de la forma como muchos directores escénicos ignoran la necesidad de ayudar a los valores dramáticos que tiene la ópera. Que eso suceda en una casa tan prestigiosa como la neoyorquina indica que en todas partes se cuecen habas y que esa horrible

43 VELA, J. A. (2010 marzo 19). *La Fura divide la Scala*. Madrid: EL PAÍS.

tendencia que los críticos han apodado *eurotrash*, o sea basura europea, está comenzando a invadir a Estados Unidos también".[44]

Los músicos tienen pocas oportunidades de defenderse de los periodistas.

Un rotativo soviético afirmó en 1916: "En el concierto de Koussevitsky la nota saliente era el estreno de la *Suite Scita* de Prokofiev... me pregunto si esa obra produjo en mi satisfacción o alguna impresión... el compositor la dirigió con un abandono bárbaro". Prokofiev rectificó que esa obra no había sido presentada jamás en Moscú y que, además, nadie conocía el manuscrito. No se publicó la defensa del compositor.

El periodista H. Krehbel se expresó en los términos más desobligantes sobre una obra que atribuyó erróneamente a Prokofiev. (Tribune, Nueva York). El compositor aclaró el punto en forma comedida. El crítico insistió en atacarlo: "Prokofiev tiene a su haber suficientes pecados artísticos para agregarle esta obra".

Otro caso: Un pianista se quejaba de que Neville - Cardus calificaba muy mal la ejecución de una obra pianística, la *Balada en la bemol* de Chopin... El pianista en realidad había ejecutado la *Balada en sol menor* del mismo compositor polaco. El crítico, en vez de rectificar, contestó lo siguiente: "Acepto que era la *Balada en sol menor*, pero tal como la ejecutó el pianista y desde mi butaca, se escuchaba como si fuera la *Balada en la bemol*.[45]

44 DREZNER, M (2011, 11 de agosto). *Problemas operáticos. A propósito de una nueva escenificación para la de Wagner.* Bogotá -Colombia): EL ESPECTADOR.

45 SLONIMSKY, N. (1981). *Lexicón of Musical Invective.* Seattle: University of Washington Press.

Música, cerebro, agresividad

La música ha acompañado al ser humano desde su aparición en la faz de la tierra. Recientemente se ha descubierto cerca de Ulm, en Alemania, una flauta que data de la Edad de Hielo.

Ideas acerca de la afinidad entre música y medicina, que creemos modernas, ya existían hace muchos siglos. Teofrasto las esbozaba veintitrés siglos atrás. Y en la biblioteca de Celso, en Éfeso, existen anticipos claros de la influencia de la música sobre el bienestar, la salud, las enfermedades y su tratamiento. Descripciones que hemos leído allí, coinciden con la sintomatología de la hoy llamada epilepsia musicogénica (reacciones al escuchar una determinada melodía, ritmos repetitivos, acordes gratos o disonantes, notas muy agudas o muy graves).

En un caso ocurrido a fines del siglo XIX, un crítico musical comenzó a sufrir episodios convulsivos cuando escuchaba trozos de la ópera *El Profeta* de Meyerbeer, episodios que se repetían cuando oía música de Wagner y de bandas militares. A este cuadro clínico pueden sumarse temblores, sudoración, cambios de conducta y depresión.[46]

---

46 SACK, O. (2007). Musicofilia. Nueva York: A. Knopf.

El tímpano, que divide el oído externo del oído medio, recoge del aire las vibraciones sonoras. En el oído interno se encuentra la cóclea, provista de minúsculos filamentos que trasladan los sonidos al nervio acústico que los conduce al cerebro.

En la percepción inicial de la música entran en juego las áreas auditivas de los dos hemisferios cerebrales. Cuando se trata de analizarla, predomina el hemisferio derecho.

Las melodías simples, las tonadas sencillas, nos llegan a la parte posterior del lóbulo frontal y a la parte superior lóbulo temporal.

Si las melodías son más elaboradas, son consignadas en el centro auditivo del lóbulo temporal (los músicos avezados utilizan también, parcialmente, el hemisferio izquierdo cuando están diferenciando tonalidades y acordes).

El ritmo es procesado principalmente por el hemisferio izquierdo. Si un paciente padece una lesión seria en el hemisferio izquierdo, es incapaz de diferenciar el ritmo. Si es el derecho el hemisferio lesionado, el paciente no reconoce melodías, ni medida de los compases, ni ritmo.[47]

En otras tareas (identificación de una melodía, de una canción, de una sinfonía), es necesario el concurso de otros pequeños órganos como el hipocampo (centro de la memoria), o de regiones especializadas como la corteza frontal inferior (situada en la parte baja del lóbulo frontal).

Para escuchar atentamente la letra de una canción, o para recordarla, se necesita la participación de los centros del lenguaje (Broca, Wernicke) y de otras áreas que manejan el lenguaje (lóbulos temporal y frontal).

La ejecución de un instrumento requiere el concurso del área motora del cerebro (circunvolución frontal ascendente) y la colaboración del *cortex* sensorial (circunvalación parietal ascendente).

---

47 ALTENMUELLER, E. (2004). *Music in your head*. Scientific American, Vol. 14 N°. 1.

Como ejemplo podemos citar la ejecución de una obra para piano o para violín, que exige precisión y finura del tacto para conseguir el efecto deseado (afinación, volumen del sonido, expresión, *staccato*, pizzicato, *legato*, etc).

La emoción que produce la música surge de estructuras profundas como el *vermis* cerebral y la amígdala, que acopia las emociones que han surgido en la corteza cerebral.

Las notas llegan al oído sin decir de dónde vienen o que asociaciones tienen. Unas están mezcladas con otras, unos sonidos con otros o con ruidos del ambiente. Es un aporte al oído que le llega en bruto, ambiguo e incompleto.

¿Qué tiene que hacer el cerebro ante esta mezcla desordenada de moléculas que han golpeado el tímpano? Nos dice Levitin: "Lo que realmente escuchamos es el final de una larga cadena de procesos mentales que nos da una impresión - una imagen mental-del mundo físico, en la cual el cerebro impone estructura y orden a una secuencia de sonidos para crear lo que llamamos música.[48]

El proceso se inicia en la región subcortical del cerebro. Luego, la corteza cerebral realiza la integración. Juega papel importante el *cortex* frontal, que recibe los datos básicos y los convierte en un todo.

El cerebro reconstruye una representación de la realidad basada en lo que llega y lo que nosotros esperamos escuchar...

"En la fantasía *Impromptu* de Chopin en do sostenido menor, una obra muy conocida por los melómanos, las notas se suceden a tal velocidad que surge una melodía ilusoria. Porque el sistema perceptual las enlaza y eso nos da la sensación de tonalidad. Si la obra se ejecuta lentamente esa sensación desaparece".

No hay nada en la secuencia de unas notas que pueda crear por si sola las ricas asociaciones que la música despierta en nosotros.

---

48 LEVITIN, D. (2006, 23 de febrero). *It's Just an ilusion*. Rev. New Scientist.

Nuestra capacidad de dar contenido a la música depende de las experiencias previas y de las estructuras neuronales que aprenden y pueden modificarse con cada trozo musical que escuchamos o cada vez que escuchamos música que ya conocemos... "Nuestro cerebro construye una especie de gramática musical que es específica de nuestra cultura, tal como aprendemos nuestro lenguaje. Esto se convierte en la base de la comprensión de la música, que música nos emociona y cómo nos emociona".

Investigadores canadienses sostienen que el placer de la música lo proporciona el *nucleus accumbens* cerebral.

El conocimiento del cerebro - estructura, funciones - ha dado pasos agigantados en la última veintena a partir del uso de medios electromagnéticos en su exploración. (MRI, etc.).

En forma sucinta enumeraremos las sustancias que influyen sobre diferentes partes del cerebro y por ende en la conducta de los humanos.

Comencemos por las sensaciones y deseos placenteros y las percepciones de bienestar. Hablamos de dopamina y endorfinas. La dopamina promueve el deseo de las cosas que nos agradan. Las endorfinas, secretadas también por las neuronas, nos proporcionan satisfacción y bienestar.[49]

La música es uno de los placeres disfrutados con la colaboración de estas dos sustancias, según lo confirmaron hace tiempo en la Universidad de Michigan.

El hipotálamo es una pequeña formación situada debajo del cerebro. Su actividad enlaza el sistema nervioso con el sistema endocrino por medio de secreciones que van a la glándula pituitaria. Hace parte de la cadena de producción de la dopamina y la oxitócina y de la circulación de la corticotropina. Otras funciones están relacionadas con la conducta, la ira, la violencia. Y también tienen que ver con la tensión arterial, el ritmo cardiaco, la temperatura corporal y la memoria.

---

49 FERNÁNDEZ, C.F .(2011, 8 de Julio). *La Ciencia detrás del placer*. Bogotá EL TIEMPO.

La amígdala cerebral, situada al lado del hipocampo, es el centro de respuesta inmediata a agresiones, estímulos y sensaciones incómodas o dolorosas. Por ejemplo, ante un alfilerazo en un pie retiramos vivamente esa extremidad del sitio donde se encuentra. La reacción es inmediata; la sensación dolorosa produjo instantáneamente la respuesta, debido a la actividad de la amígdala. Pero no actúa este pequeño órgano solamente ante una agresión física. Las agresiones pueden ser además verbales o gestuales, reales y a veces exageradas por el individuo.

Recientemente investigadores japoneses han descubierto una sustancia emitida por la amígdala (que han llamado neuropsina), la cual regula las reacciones físicas, verbales o gestuales de una persona que cree que ha sido agredida por otra. Ejerce un control de las reacciones excesivas mientras los centros cerebrales toman las decisiones adecuadas.

De acuerdo con las dimensiones de esta obra mencionaremos brevemente otras sustancias que actúan sobre el cerebro y nuestras reacciones y actitudes.[50]

Las hormonas sexuales contribuyen al tipo de conducta de un ser humano. Debido a la testosterona los varones son más violentos que las mujeres. Eso lo dicen las estadísticas y los hechos de la vida diaria.[51]

En la Universidad de Cambridge apuntaron que en la adolescencia existe un descenso del cortisol circulante en la sangre lo que consideran un factor desencadenante de comportamientos violentos, sensación de descontento, frustraciones, etc.

En la Universidad de Nueva York se ha comprobado que la hormona TPH es inactiva en la niñez pero aumenta en la pubertad, lo que explicaría la conducta inapropiada de los adolescentes.

50 ADELSON , R.( ), *Hormones, stress and agression*. Rev. *Monitor in Ppsychology*, Vol. 25.
51 LILIENFELD S. (Junio 2010). *Are men the more belligerent sex?* Rev. *Scientific American Mind.*

La oxitócina influye en el comportamiento del humano, lo mismo que la acetilocolina. La adrenalina (epinefrina) pasa a la sangre en gran cantidad en casos de emociones intensas, miedo, pánico. La enzima llamada monoaminoxidasa incrementa la conducta agresiva. (MAO).

La serotonina controla las reacciones violentas y las emociones intensas. La deficiencia de esta sustancia en la sangre favorece la depresión y la irascibilidad.

En individuos desadaptados, conflictivos, recelosos, autores de delitos menores, insociables, amigos de la soledad, desafiantes, desconfiados, introvertidos, trasgresores de las leyes sociales, hiperactivos, y en los eternamente inconformes, en todos ellos es difícil encontrar el límite entre enfermedad y salud mental. Y en esas personas debemos encontrar su ubicación.

Un simple desadaptado no puede ser tratado como un enfermo (medicamentos, restricciones sociales, aislamiento, reclusión, psicoterapia inoportuna). Y es preciso obtener un diagnóstico y encontrarle ubicación. Lo contrario empeora su condición mental. Y el enfermo mental verdadero, si no hay tratamiento oportuno y adecuado, estará cada vez más incapacitado, será un paciente incurable.

El límite entre el desorden de la personalidad y la demencia puede ser difícil de establecer. Los diagnósticos precipitados pueden ser deplorables.

Las causas de los trastornos de la personalidad y de la demencia no son solo genéticas, biológicas o químicas. Existen otros factores importantes en su incubación, entre ellos el medio familiar, la inestabilidad del hogar, la atención recibida en la infancia y la adolescencia, la convivencia con otros miembros de la familia, la aceptación o rechazo de la comunidad en la que crece. Lo mismo que la corrección o las actuaciones delictuosas de los padres o familiares.

Previa a la actuación de un psiquiatra o psicoterapeuta es imprescindible el análisis de múltiples circunstancias que influyen sobre el temperamento y el comportamiento de un ser humano. Sobre todo en la niñez y la adolescencia.[52]

---

52 MARSA, B. (2004, Junio) *She Thinks, He thinks*. Rev. Discovery.

KLUGER, J. (2001) Nueva York: *Pain, rage and blame: Your brain: A user guide*, Rev. TIME.

Apéndice

Curiosos títulos musicales

Resulta divertido, para el que escribe y para el que lee, un repaso de los títulos curiosos, raros, absurdos o ilógicos que han empleado algunos compositores. La salud parece haber sido objeto de atención para ellos. Mencionaremos los que nos han llamado más la atención.

Charpentier compuso *Los locos divertidos*, una comedia, y Nino Rota *La noche de un neurasténico*. *Una locura* es una obra de Menhul, *El perfecto loco* pertenece a Gustav Holst, y *Furioso* es obra orquestal de Rolf Liebermann. La *Malinconia* precedió a la más cercana *Melancolía*, a la *Sonata melancólica* de Moscheles y a la *Música Malincónica* de Sigurd Koch.

Aludieron a los estados de ánimo Gerard Bemers en sus *Fragmentos psicológicos* y Satie en las *Memorias de un amnésico* y *Pseudoingenuidad*. Títulos afines son *Hipocondría*, de Jan Zelenka, *Suite introspectiva* de Juan José Castro, *Hospital*, suite de Herman Parris, y *Cirugía*, ópera de F. Ferroud.

Roberto Gerhard compuso *La plaga*. Cesar Cui escribió *Fiesta en tiempos de la plaga*, y Betsy Jolas *Cuatro plagas*.

Una curiosa obra es *Hipócrates*. Aquí Turina entra en el terreno humorístico. Consta de varias secciones: La primera se titula *El doctor*; la primera variación se llama *Los clientes* e incluye compases del *No me mates*, de *El sombrero de tres picos*; la segunda variación se titula *Un caso de músico paranoico*, y en clima caricaturesco hay breves alusiones a trozos de Bach, Wagner, Beethoven y Rimsky-Korsakov; la tercera variación es el *Coro de doctores*, y la última, *La catástrofe*, alude a la muerte del paciente y lleva compases de la *Marcha fúnebre*, de Chopin.

Karl Philipp Emanuel Bach compuso la obra *Conversación entre una persona sanguínea y otra melancólica*; Kuhnau *Exequias, enfermedad y muerte*; Schmidtbauer una *Sinfonía hipocondriaca*; Haydn *El boticario*; Dittersdorf *Doctor y boticario*; Berlioz *La campanilla del boticario* y Roman Vlad *El médico de vidrio*.

No hay duda de que las aves son los animales predilectos de los compositores. La lista de obras dedicadas a ellas es impresionante: *Pájaros del Paraíso*, de John La Montaine; *El ruiseñor de Saint Malo*, de Paul Le Flem; *Catálogo de pájaros*, y *Pájaros exóticos*, de Messiaen, *El ruiseñor enamorado*, de Miget, *El ruiseñor*, de Stravinsky.

Las alas de la paloma es obra de Douglas Moore, *Como encontrar un pájaro negro*, de James Theilef, *Las golondrinas*, de J.M. Usandizaga, *El cucú*, famosa obra de Daquin, *El concierto del cucú*, de John Lampe, *Pájaros errantes*, de Héctor Tosar, *El ruiseñor*, de Poglietti, y *Oda a un ruiseñor*, de E. Walker.

Sergio Garant compuso *Jaula para pájaros* y Janequin *El canto de los pájaros*.

Una bella obra de Respighi: *Gli uccelli*; Henselt firmó *Si yo fuera pájaro* y Alkan *Marcha fúnebre por la muerte de un papagayo*.

Aves que los melómanos reconocen son: *La urraca ladrona*, de Rossini (ópera), *El gallo de oro*, de Rimsky-Korsakov, *La gallina*, de Haydn (sinfonía), *La paloma,* de Yradier y *Los gavilanes*, de Jacinto Guerrero.

Otras especies protagonizan obras musicales

La Monte Young compuso *La tortuga*. William Walton, *El oso*, Saint Saens reunió un pequeño zoológico en el famoso *Carnaval de los animales*. Rossini integró un *Dúo de gatos*.

Una de las obras más aplaudidas de Poulenc se titula *Las ciervas*. Igual suerte corrió *El pájaro de fuego* de Igor Stravinsky. Menos difusión tuvo *La gata*, de Sauguet. En 1953 Berezowsky compuso *Bahar, el elefante*.

Lukas Foss ideó un *Sapo saltarín del condado de Calaveras*.

Xavier Montsalvatge embarcó en *El arca de Noé* a sus animales predilectos: *El elefante, El gato, El gallo, El canguro...*

El andar de un burrito esta graciosamente representado en el pentagrama en la suite *El Gran Cañón*, de Grofé.

Prokofiev fue alabado por *Pedro y el lobo*, y A. Roussel por *El festín de la araña*.

No podemos olvidar *Opus number Zoo*, de Berio, *Mama la oca*, de Ravel, *Los cerdos y los pavos gordos*, de Chabrier, *Los animales modelos*, de Poulenc y *El arca de Noé*, de Montsalvage. Ni *La trucha*, de Schubert, *Las mariposas*, de Schumann, o *la Oda a una luciérnaga*, de E. Walker.

Finalicemos esta lista (incompleta), con *El vuelo del moscardón*, de Rimsky-Korsakov, *El buey en el tejado*, de Milhaud, *El pequeño asno blanco*, de Jacques Ibert, *El murciélago*, de J. Strauss II, *La araña negra*, de Josef Hauer, *La zorrita astuta*, de Janacek y *Dios creó las ballenas*, de Alan Hovhanes.

Títulos raros

Los esclavos felices, de Arriaga; *La moglie nemica*, de Emmanuele Astorga, *El error amoroso*, de N. Jomelli, *El esclavo de su mujer*, de

Z. Proven, *Monólogos de un asesino*, de J. Randall, *Diario de un loco* y *La sombra de Caín*, de Humphrey Searlet y *El amante astuto*, de Manuel del Popolo García (1825).

Curvas pélvicas, de Tim Souster, *La alquimia del amor*, de Leo Smit, *La nariz*, de Shostakovich, el ballet de Tomasini *Las damas de buen humor*, la ópera *El beso envenenado*, de Williams, *Las damas curiosas*, de Wolf-Ferrari.

Miguel Aguilar elaboró su *Composición con tres sonidos*, *Suite aerofónica* es una obra de Joseph Schillinger, *Polifonía con trompeta*, otra de Charles Wittenberg.

John Corigliano presentó al público estadounidense su *Carmen desnuda*, música de Bizet con arreglo de rock. Yradier, español nacido en 1809, enseñó en el Conservatorio de Bruselas. compuso una corta obra que tituló *El arreglito* (llamada también Habanera). Esta obra sirvió a Bizet para aderezar su *Habanera* de la ópera *Carmen*.

Montezuma, el rey azteca derrotado por Cortés, pasó al pentagrama de la mano de Karl Graun (*Montezuma*), y de Henry Hadley (*La hija de Montezuma*), ópera estrenada en Chicago en 1917.

Instrumentación rara aparece en obras del siglo xx

Wittenberg nos ofreció una *Polifonía para trompeta sola*. (?) y Alvin Lucier, nacido en los Estados Unidos en 1931, nos hizo escuchar *Música para un solo ejecutante* (música electrónica que reproduce las ondas cerebrales). El catalán Montsalvatge no se quedó atrás en su *Desintegración morfológica de la Chacona de Bach*, camino parecido recorrieron Philip Glass en *Música en quintas*, Godowski en el *Triakontameron* y W. Hellermann en *El fuego*, para trompeta y cinta magnetofónica.

Mozart les había dado ejemplo a estos compositores cuando nos legó su *Galimatías musical*. Ejemplo seguido por destacado compositor mejicano cuando ideó su *Pequeño Réquiem atonal*. Lo firmó Julián Carrillo.

Nos hizo temer por nuestra salud Silvio Lazzary con su ópera *La leprosa*, Herbert Harty nos lleva al Más Allá con su *Trompetista místico*.

Edgar Varese nos dejó, además del *Poema electrónico, Ionización, Hiperprisma, Octandro y Ecuatorial*. A Henze debemos la *Scorribanda sinfónica*, en la cual incluye xilófono, marimba... y sartenes.

Referencias

ADELSON, R. (2007). *Hormones, stress and agression.*: Revista MONITOR(In psychology). Vol. 25

ALTENMULLER, E. (2004). *Music in your head.*: Scientific American, Vol. 14, N°1.

BADA, R. (2010, 12 de marzo). *El putacuario*. Bogotá (Colombia): EL ESPECTADOR (Blog Cultura).

BARBIER, P. (2002). *Vivaldi*. Paris: Ed.Gasset

BERLIOZ, H. (1969). *Memoirs*. Nueva York: KNOPF.

BONILLA, L.E. (1987). *Las treinta y dos sonatas para piano de Beethoven*. Bogotá (Colombia): Tercer Mundo Ediciones.

BROOK, S. (1995). *Opera, a Penguin Anthology*. Londres: Penguin Books.

BURROWS, J. (2010). *Classic music*. Londres: Metro Books.

CLARK, P. (2010, octubre). *Pierre Boulez at 85*. Revista Gramophone

COGLIANO, A. (2006). *Carlo Gesualdo, omicida fra storia e mito*. Napoles: ESI.

CONDI, O. (2010, 10 de septiembre). *The force of destiny*. Londres: BBC Music.

CROSS-EVEN. (1969). *New Enciclopedy of the great composers.* Nueva York: Double Day Co.

DELETREZ, F. (2011, 10 de junio). *Crepuscule Scabreux.* París: Fígaro Magazine.

DREZNER, M. (2011, 11 de agosto). Problemas operáticos. A propósito de una nueva escenificación para la teatrología de Wagner. Bogotá (Colombia). EL ESPECTADOR.

DUBA L, D. (2001). *Essential canon of classical music.* Nueva York: North Point Press.

FANTEL, H. (1971). *The Waltz Kings,* Johann Strauss and son. Nueva York: Morrow and Co.

FERNANDEZ, W.G. (2013, 17 de mayo). *La revolución sin descanso.* Buenos Aires: CLARIN (Cultura).

GISHFORD, A. (1972). *Grand Opera.* Nueva York: The Vikings Press.

HONEGGER, M. Diccionario de la música, segunda edición. Madrid: Espasa, Calpe.

KRUGGER, J. (2001). *Pain, rage and brain. Your brain:* A user guide. Home entertaiment. Nueva York: Rev. TIME.

LAFON, F. (2005, septiembre). *Un festival desenchanté.* Paris: *Le monde de la musique.*

LEBRECHT, N. (1995). *The Maestro Myth.* Nueva York: Cita del PRESS.

LEVITIN, D. (2006, 23 de febrero). *It's just an ilussion.* Nueva York.

MACHART, R. (2011). *Tannhauser, autopsie d'une deception.* Paris: Le Monde.

MACHLIS, J. *The enjoyment of music.* Nueva York: Norton Co.

MAREK, G. (1984). *Richard Strauss.* Buenos Aires: J.Vergara Ed.

MARSA, B. *She thinks, he thinks.* (2004, junio). Rev. Discovery.

MELOGRANI, F. (2007). *Mozart's Biografy*. Chicago: Universidad de Chicago.

MENEGHINI, G.B. (1984). *Mi mujer María Callas*. Buenos Aires: J. Vergara Ed.

MORRIS, E. (2005). *Beethoven*. Nueva York: Harper Collins.

NORTON, J. (1975). *Grieg. Londres: J.M Dent*.

PRINCIPE, Q. (1986). Buenos Aires: J. Vergara, Ed.

PUJOL, X. (2009, 24 de diciembre). *Empezar a jubilarse*. Madrid: EL PAIS

ROUX, M.A. (2010, 26 de enero). *Une "Norma" sans aucune sensualité italianne*. Paris: Le Monde (Culture).

SACKS, O. (2007). *Musicofilia*. Nueva York: Knopf.

SADIE, S. (1992). The New Grove Dictionary of Opera. Londres: MacMillan Press.

SCHONBERG, H. (1897). *The lives of the great composers*. Nueva York: Norton Co.

SLONIMSKY, N. (1987). Lexicon of musical invective. Seattle: University of Washington Press.

SOLOMON, M. (2004) *Late Beethoven: Music, thought, imagination*. Bekerley: University of California.

STOE, A. (1991). *Bifurcations chez Gesualdo*. Quadrivarium: Musique et sciences Metz.

SZULK, T. *Chopin in Paris*. (1964). Nueva York: Ed. Escribner.

VELA, J.A. (2010, 19 de marzo). *La Fura divide La Scala*. Madrid: El País.

WALESON, H. *The Machine at the end of the world*.: The Wall Street Journal.?

WEAVER, W. (1979). The Verd. Companion. Nueva York: Norton, Co.

ZAMOYSKI, a. (1980). *Chopin*. Nueva York: Doubleday.

Bibliografía

ALARCÓN M., O. (1985). *Amor y neurosis en los genios de la música*. Madrid: Graficas A.F.

ALARCÓN M., O. (1999). *Los músicos ante la medicina*. Bogotá (Colombia): Editorial Tercer Mundo.

ANTEK, S. (1963) *This was Toscanini*. Nueva York: The Vanguard Press.

FERNÁNDEZ, C.F. (2011, 8 de julio). *La ciencia detrás del placer*. Bogotá (Colombia): EL TIEMPO.

GORMAN, C. (2010, junio). *The science of anxiety*. Rev. New Sceintist.

GRAN ENCICLOPEDIA ESPASA (2005). Tomo III. Bogotá (Colombia): Calpe

HAYLOCK, J. (2007). *Monteverdi*. :Rev. Classic FM.

JAFFE, D.A. (2007, noviembre). *Russian rivalry*. Londres: BBC Music.

STEEN, M. (2004). *The great composers*. Nueva York: Oxford University Press.

SWAFFORD, J. (1999). *Johanes Brahms*. Nueva York: Vintage Books.

www.ingramcontent.com/pod-product-compliance
Lightning Source LLC
Chambersburg PA
CBHW031622040426
42452CB00007B/621